내 아이를 위한
창의성 코칭

내 아이의 **창의성**은
엄마 아빠의 작은 관심에서
출발합니다

어린이 창의성 교육 전문가 문정화 박사의

내 아이를 위한 창의성 코칭

이상희 총괄기획 · 문정화 지음

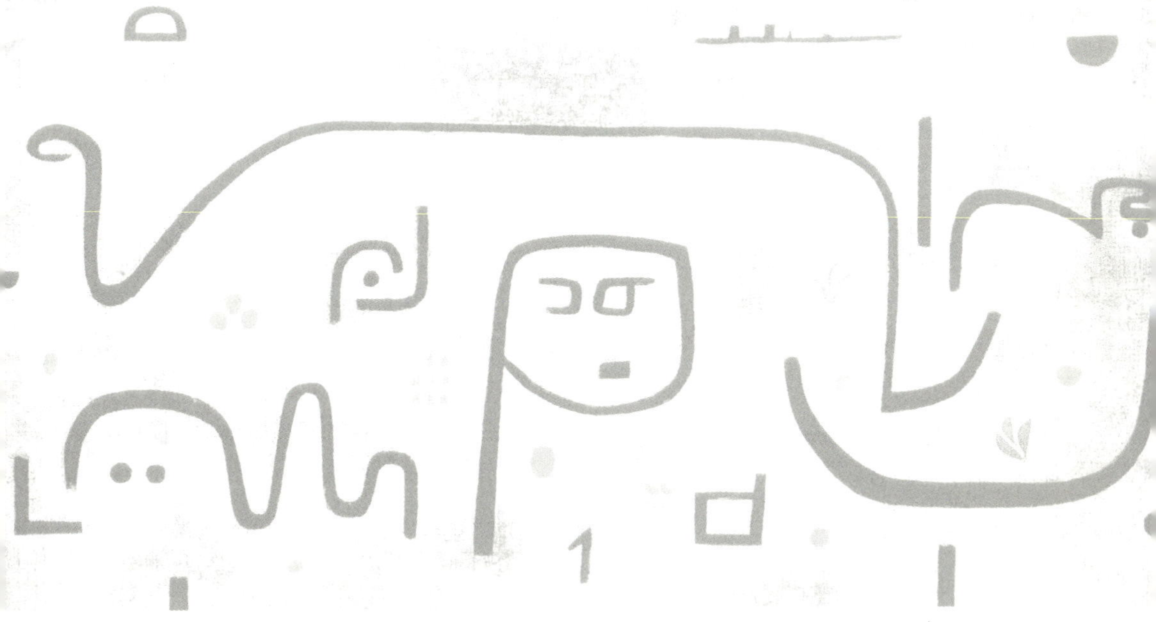

아이비하우스

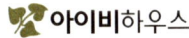

● 총괄기획자의 글

창의성이 높은 아이는 부모가 다르다

노란 숲 속에 길이 두 갈래 갈라져 있었습니다.
안타깝게도 나는 두 길을 갈 수 없는 한 사람의 나그네로 오랫동안 서서
한길이 덤불 속으로 꺾어 내려간 데까지,
바라볼 수 있는 데까지 멀리 보았습니다.

(중략)

그 숲 속에 두 갈래 길이 갈라져 있었다고
나는 사람이 적게 간 길을 택하였고
그것으로 해서 모든 것이 달라졌다고.

불확실한 미래로 방황과 혼돈을 겪던 젊은 시절에 감명 깊게 읽었던 로버트 프로스트(Robert Frost)의 시(詩) '가지 않은 길'입니다. 물론, 이 시에 대한 여러 가지 해석이 가능하겠지만 삶에 있어서 중요한 선택에 직면했을 때 남들이 걷지 않는 길의 선택, 즉 남들이 하지 않는 창의적인 선택이 나중에는 삶의 결과까지 전혀 다르게 만든다는 것을 노래하는 시일 수도 있다는 의미 부여를 해 봅니다.

마이크로소프트의 빌 게이츠, 애플의 스티브 잡스, 영화 〈아바타〉의 감독 제임스 카메론, 이들 3명의 공통점은 무엇일까요? 남자, 미국인이라는 공통점 외에 이들은 모두 대학을 제대로 졸업하지 못한 중퇴자라는 것입니다.

그런데 그들이 모두 대학 졸업을 하지 않고도 세상을 뒤흔드는 힘을 가진 것은 무엇 때문일까요? 그것은 바로 그들 모두 뛰어난 창의성을 갖고 있다는 가장 중요한 공통점 때문입니다.

글로벌 시대를 맞아 세계경제는 지금 두뇌 경제로 급변하고 있으며 창의적 인재 양성과 확보가 국가와 기업의 경쟁력 척도가 된 지는 오래 전의 일입니다. 이런 상황에서 우리 아이들의 현실은 대학 입시를 위한 주입식, 암기식 교육으로 인해 무한한 가능성과 창의성, 그리고 창조적 정신세계는 그 싹을 틔워 보지도 못한 채, 획일화되고 고정된 틀 속에 갇혀 있습니다.

농업 사회에서는 먹을거리가 논밭에서 나왔다면 산업화 사회에서는 공장에서 나왔고, 오늘날 복잡다기한 첨단의 정보화 사회의 먹을거리는 바로 머리에서 나옵니다. 무엇보다도 창의적인 발상을 할 수 있는 머리가 중요하다는 이야기입니다.

이와 같은 창의성은 사고하는 인간만이 가질 수 있는 축복 중의 하나입니다. 창의성은 생각하는 힘이고 남들이 하지 않은 새로운 발상의 전환으로 세상의 어두운 곳을 밝혀 주기도 하고 때로는 재치 있는 창의적인 생각들이 사람들을 즐겁게 하며 세상을 아름답게 가꿔 주기도 하는 마법 같은 힘을 가지고 있습니다. 또한 창의성은 한 사람의 삶의 결과를 전혀 다르게 만드는 훌륭한 선택의 수단이 될 수도 있습니다.

그렇다면 우리 부모님들은 내 아이를 위해 어떻게 무슨 일을 해야 할까요? 빌 게이츠의 경우, 붕어빵을 찍어내는 대학에서는 더 이상 배울 것이 없다고 판단하여 대학 중퇴를 결심했을 때 어머니께서 빌 게이츠의 편이 되어 완고한 아버지를 설득하였다고 합니다. 이렇듯 외국의 어머니들은 아이들의 편에 서서 아이들과 함께 고민하고 그들의 창의적인 재능을 찾아내고 키울 수 있도록 도와주는 역할을 훌륭히 해내고 있습니다. 하지만 한국 어머니들은 그렇지 못한 실정입니다.

그저 아이들의 학교 성적과 입시에만 매달리면서 그것만이 아이들을 위하는 길이고 아이들의 성공을 담보하는 유일한 방법이라 생각하여, 아이들 각자가 가지고 있는 천부적인 재능과 창의성을 무시하고 있는 안타까운 실정입니다.

진정 자녀들의 미래가 걱정스러우면 이제 애정과 사려 깊은 눈으로 우리 자녀들이 가진 창의성에 관심을 가질 때입니다. 빌 게이츠, 스티브 잡스, 제임스 카메론은 비록 대학도 제대로 마치지 못했지만 오늘날 전 세계에 지대한 영향을 미치고 있는 창의적인 인재들로 우뚝 서서 그 찬란한 빛을 발하고 있습니다.

그런데 더 중요한 사실은 여러분의 자녀들도 그 이상이 될 수 있는 가능성이 얼마든지 있다는 사실입니다. 자녀들로 하여금 새로운 것에 대한 두려움을 떨쳐 버리고 궁금증과 호기심을 갖고 고정된 생각에서 벗어나 창의적인 삶을 만들어 갈 수 있는 여건을 만들어 주시기 바랍니다. 로버트 프로스트의 '가지 않은 길' 처럼 남과 같은 길을 가서는 결코 성공할 수 없습니다.

40여 년 이상을 우리나라 과학기술 분야와 관련된 일을 해 오면서 남들이 생각하지 않는 각도에서 사물을 보게 되었고, 국가와 개인의 발전을 위해 무엇보다도 '창의성이 중요하다' 는 사실을 깊이 깨달았습니다. 이에 부모님들에게 보물처럼 숨겨진 자녀들의 창의성을 일찍 발견해 내서 그것을 잘 키워 아름답고 행복한 삶을 살아 가도록 방법을 제시해 줄 수 있는 지혜로운 지침서가 필요했습니다.

오랫동안 어린이 창의성 교육에 깊은 관심과 애정을 갖고 다양한 창의성 교육 프로그램 개발에 힘써 온 문정화 박사와 함께 기획한 《내 아이를 위한 창의성 코칭》을 통해 내 아이 속에 잠재되어 있는 보석 같은 창의성이 아름답고 소담스러운 꽃으로 곱게 피어 날 수 있는 계기가 되기를 진심으로 기대합니다.

전 과학기술부 장관, 한국영재학회 명예회장, u-learning 연합회장 이 상 희

● 저자의 글

내 아이를 창의적인 아이로 키우려는 부모님을 위하여

몇 년 전 한 세미나에서 사회를 본 적이 있습니다. 그 세미나에 참석한 청중들 대부분이 특목고 학부형들이었고 그래서 학술적인 세미나라기보다는 '과연 자녀들의 교육을 어떻게 잘 시킬 것인가?'라는 주제를 논의하는 토론의 장과 같았지요. 그러다가 토론자 중에 한 사람이 미국 유학 시절에 겪은 경험담을 이야기했습니다.

MIT 공대에 한국인 유학생 세 명이 같은 과에서 박사 과정을 밟고 있었습니다. 그들은 한국에서 소위 일류대라고 하는 서울대 공대, 카이스트, 포항공대 출신이었지요. 한국의 유명 공대 출신답게 그들은 시험을 볼 때마다 1, 2, 3등을 차지했습니다. 그 시험은 그동안 배운 것을 얼마나 잘 알고 있는지를 알아보는 필기시험이었습니다. 그런데 또 다른 형태의 시험인 구두시험에서도 한국 학생들이 역시 1, 2, 3등을 차지했는데, 이번에는 뒤에서 1, 2, 3등이었던 거지요(웃음). 이 시험은 바로 '만약 이러이러한 상황에서 산소 분자 두 개가 만난다면 어떤 일이 일어날 것인가'와 같이 정답이 아니라 창의성을 발휘해야 하는 문제였던 것입니다. 이러다 보니 한국 유학생들은 학습한 내용을 기억해서 답하는 정형화된 형태의 시험은 잘 봤지만 창의성이 발휘되어야 하는 문제나 논문을 써야 할 경우에는 큰 어려움을 겪었지요.

그는 끝으로 "여러분 아이가 수능점수 몇 점을 더 받을 것인가, 일류 대학에 들어가기 위해 내 아이가 다른 아이보다 무엇을 더 잘해야 되는지를 걱정하지 말고, 내 아이 창의성을 어떻게 키워야 할지에 더욱 신경 쓰시기 바랍니다."라고 강조하면서 이야기를 마무리했습니다. 이 이야기를 다 들은 부모들의 표정에는 '이야기엔 수긍하지만 현실은 다르다는 것을 당신은 아는가?'라는 무언의 메시지를 담고 있었습니다.

그런데 몇 년이 흘러, 급변하는 세상 속에서 살고 있는 지금에 와서는 창의성이 얼마나 중요한 것인지를 그때의 부모들은 비로소 깨달았을 것입니다. 창의성은 단지 논문 쓸 때만 필요한 것이 아니지요. 잘 아시다시피 이 창의성이 발현되는 기발한 아이디어에 대한 요구는 사회 곳곳에서 그 강도를 높이고 있습니다.

실제로 모 그룹의 기업광고 카피는 '땅의 크기에서 밀린다면 생각의 크기로 맞서야 합니다.'였습니다. '창의'와 '도전'을 새로운 키워드로 삼아 사람이 유일한 자원인 대한민국이 주변 강대국과 맞서려면 생각의 크기로 맞설 수밖에 없다는 생각에서 나온 카피라고 합니다. 이 카피로 인해 그 기업의 이미지는 더욱 강하고 역동적으로 인식되었습니다. 결국 이 카피 역시 언어 창의성이 한몫한 것이지요.

지금 창의성은 더욱더 복잡해질 미래 사회를 살아갈 우리 아이들에게 중요한 화두로 떠오르고 있습니다. 세계화를 지향하는 무한 경쟁의 시대에 돌입한 현대 사회에서 더 높은 차원의 삶을 살기 위해서 창의적인 사고가 요구되는 것은 당연하지요. 그러나 창의성이란 것이 "'뚝딱' 하고 학원에서 2개월 속성 과정을 마친다고 되는 것일까요?"라는 질문을 해 보면 당연히 아니라고 대답할 것입니다.

창의성이란 어려서부터 부모와 교사로부터 섬세하고 지속적으로 창의적인 자극을 받아 이를 축적하고, 창의적으로 생활하는 환경 속에서 서서히 자라나게 되는 화초와 같은 것입니다. 결국 오랜 세월 동안 정성들여 키워내야 겨우 힘들게 열리는 것이 바로 '창의성'이라는 열매입니다.

부모로서 중요하게 기억해야 할 사실은, 대부분의 아이들은 한 가지 이상의 영역에서 일정 수준의 창의성을 보인다는 것입니다. 어떤 분야든 훌륭한 교육과 풍부한 경험을 통하여 창의성이 개발될 때 성공적인 인물이 될 수 있지요. 따라서 부모는 내 아이만이 갖고 있는 신비의 별, 바로 그 창의성을 찾아내 정성껏 키워 주어야 합니다.

이 책은 예전에 《당신은 자녀를 창의적인 아이로 키우고 있습니까》라는 제목으로 출간되었던 것인데, 현재 상황에 맞게 내용을 수정하고 보충하여 다시 새롭게 태어나게 된 책입니다.

이 책을 통해 저는 아이의 창의성을 키워 주기 위해 부모가 어떻게 해야 하는지를 구체적으로 알려주려고 노력했습니다. 먼저 창의성의 중요성에 대해 알아보고, 창의성은 어떻게 길러야 하는지, 어떤 것들이 내 아이의 창의성을 성장시키거나 방해하는지, 그리고 내 아이의 창의성을 키워 주기 위해 부모가 해야 할 역할은 무엇인지에 대해 알려줍니다. 그리고 마지막으로 실제로 내 아이의 창의적인 능력을 키우는 데 도움이 되는 여러 가지 방법들을 제시하였습니다.

무엇보다도 이 책의 새로운 탄생을 제안하고 책의 방향을 안내하는 등 총괄·기획을 맡아주신 이상희 박사님께 깊은 고마움을 전하며 더불어 이 책이 다시 세상에 나올 수 있도록 많은 격려와 노고를 아끼지 않은 아이비하우스에 깊이 감사드립니다.

재능대학교 영재교육원장 문 정 화

차례

총괄기획자의 글
창의성이 높은 아이는 부모가 다르다 · 4

저자의 글
내 아이를 창의적인 아이로 키우려는 부모님을 위하여 · 8

chapter 01 내 아이의 창의성 개발 왜 중요할까?

〈원 안을 색칠하라〉 · 18
창의성은 지능보다 힘이 세다 · 20
하버드에 들어가기 위한 8가지 전략 · 25
내 아이가 미래의 해리 포터다 · 31

chapter 02 나는 얼마나 창의적인 부모인가

〈그림을 통한 창의성 테스트〉 · 38
나는 얼마나 창의적인가 · 42
창의적인 부모와 창의적이지 못한 부모 · 46
내 아이가 어떤 꽃인지를 먼저 파악하자 · 49
부모의 창의성에서 아이의 창의성이 솟아난다 · 51
부모부터 고정관념에서 벗어나라 · 54
창의적인 부모가 되기 위한 13가지 방법 · 57

chapter 03 내 아이의 창의성 개발을 위해 먼저 필요한 것들

〈내적 동기와 외적 동기 테스트〉·66
창의적 산출물을 위한 필요조건 ·70
내 아이는 어떤 영역에 소질이 있나 ·73
외적 동기와 내적 동기 ·76
내 아이는 내적 동기가 유발되어 있나 ·80

chapter 04 내 아이의 창의성 키우기 & 죽이기

〈창의적인 환경을 위한 테스트〉·86
창의적 행동을 위한 분위기가 갖추어져 있나 ·90
자유롭게 행동할 수 있는 분위기를 만들어 주어라 ·94
실수를 인정하는 분위기를 만들어 주어라 ·98
고디안의 매듭을 풀어라 ·101
웃음으로 가득한 분위기를 만들어 주어라 ·105
아이디어를 부추기는 분위기를 만들어 주어라 ·108
내 아이를 방해하지 마라 ·111
신뢰감을 가질 수 있는 분위기를 만들어 주어라 ·113

노벨상은 책읽기에서 시작된다 · 116
토론하는 시간을 마련하라 · 120
내 아이의 창의성을 꺾는 20가지의 말 · 123
창의성을 방해하는 4가지 요소 · 139
균형을 잃지 않는 교육이 필요하다 · 148

chapter 05 내 아이의 숨겨진 창의성 찾기

창의적인 아이의 특성 · 152
에디슨의 아이디어는 몇 개였을까? - 내 아이 유창성 키우기 · 158
만약 자가 없다면? - 내 아이 융통성 키우기 · 163
지구 복장을 한 물고기 - 내 아이 독창성 키우기 · 169
수다쟁이를 잘 지켜보라 - 내 아이 정교성 키우기 · 175

chapter 06 내 아이의 창의성 무한대로 키우기

〈태혁이 이야기〉· 182
상상력을 키워 주어라 · 190
개성을 살려 주어라 · 194
인내심을 가져라 · 198
여자는 여자답게, 남자는 남자답게에서 벗어나라 · 201
확산적 사고에 집중하라 · 204
책읽기를 통해 확산적 사고를 길러 주어라 · 208
과제 집착력을 키워 주어라 · 211
풍부한 경험을 시켜 주어라 · 214
이런 장난감을 골라 주어라 · 217

부록 내 아이와 함께 즐기는 창의적인 활동들

언어력과 함께 커 가는 창의성 · 222
꼬마들의 식탁보 · 225
집에서 즐길 수 있는 창의성 놀이 · 230
간식 시간에 자라나는 창의성 · 247

: 일러두기

이 책에서는 '창의성'과 '창의력'을 엄격한 구분 없이 함께 사용하고 있다는 사실을 알려드립니다. 단, 창의력은 창의적으로 사고하는 능력을, 창의성은 능력과 더불어 창의적인 태도와 성격 등을 포함한 더욱 포괄적인 의미를 담고 있는 것으로 여기고 표현했습니다.

chapter 01

내 아이의
창의성 개발
왜 중요할까?

원 안을 색칠하라

지름이 3cm인 원을 그리세요. 그리고 색연필로 원 안을 색칠해 보세요.

(a) (b)

초등학생 30명을 대상으로 위의 문제를 가지고 실험을 하였습니다. 결과는 (a)처럼 색칠한 학생이 28명, (b)와 비슷하게 한 학생이 2명이었습니다.

그럼 두 그림 중 어느 것이 정답일까요? 사실 원의 내부를 색칠하라는 지시에 둘 다 어긋나지 않았기 때문에 모두 옳다고 할 수 있습니다. 그렇지만 (a)와 같은 전통적인 방법을 사용한 학생들은 원 밖으로 벗어나지 않으려고 많은 노력을 해야만 했을 것입니다.

반면에 (b)는 더욱 효율적인 해결 방법입니다. 즉 특별히 조심할 필요 없이 원을 가로지르면서 자유롭게 색칠해도 되기 때문에 (a)보다 훨씬 빠르고 쉽습니다.

대학생들을 대상으로 실험했을 때에도 비슷한 결과가 나왔습니다. 대학생 80명 중 2명만이 (b)와 같이 칠했으며, 20명 이상의 대학생들이 원 밖으로 조금이라도 색칠될 것을 피하기 위해 처음 그려 놓은 원의 안쪽에 다시 동그랗고 굵은 원을 그려 놓고 색칠을 시작하였습니다. 그리고 많은 대학생들이 큰 원 쪽에서 시작하여 안쪽을 향해 색칠했습니다. 이와 같이 대다수의 아이들과 대학생들이 (a)와 같은 방법으로 색칠하는 이유는 대체 무엇일까요? 다음의 두 가지 이유를 생각해 볼 수 있습니다.

첫째로는 필요도 없는 가정을 스스로 만들어 내는 경향이 있기 때문입니다. 원 안을 색칠하라고 하면, 지시 내용에 있지도 않은 기준을 자신이 만들어 원 밖으로 나가서는 안 된다고 생각합니다. 그렇지만 지시와 생각은 엄연히 다릅니다.

둘째로는 어려서부터 (a)와 같은 방법으로 답하도록 학습되었기 때문입니다. 안을 색칠하라고 하면 경계선 밖으로 벗어나서는 안 된다고 배워 왔고, 깨끗하게 칠할수록 점수를 더 받았습니다. 이런 습관은 그 기준이 아주 분명하게 밝혀진 상황에서는 도움이 되지만, 효율적인 해결책이 요구되는 상황에서는 오히려 방해가 됩니다.

이 실험을 여러분의 아이에게도 한번 시도해 보세요. 내 아이가 그린 것은 (a)와 (b) 중 어느 것과 비슷합니까?

창의성은 지능보다 힘이 세다

초등학교 2학년인 서연이는 숫자의 마술사입니다. 서연이는 두 자릿수 이상의 수들의 곱하기를 머릿속 암산으로 계산기보다 더 빨리 계산할 수 있습니다.

여섯 살 지훈이는 작년에 공룡전시관에서 구경한 공룡들의 이름을 아직도 모두 기억하는가 하면, 24절기의 순서를 줄줄 외우면서 절기 내용을 모두 빠짐없이 설명하는 등 암기력에 탁월한 재능을 보이고 있습니다.

초등학교 4학년 현준이는 로봇 프라모델뿐만 아니라, 어른들도 완성하기 어려운 무선모형 자동차, 헬기, 탱크 등을 완벽하게 조립합니다.

초등학교 3학년인 수현이는 친구들과 놀 때 새로운 게임과 함께 그것에 적합한 재미있는 규칙을 아주 잘 만듭니다.

초등학교 1학년인 현영이는 동시 쓰기 같은 글짓기를 좋아합니다. 그래서 다음과 같이 아름답고 훌륭한 동시도 잘 씁니다.

눈

하늘에서 내리는 흰 꽃

아무도 모르게 우리 집 마당을

희고 흰 눈꽃나라로 만들어 놓았다.

구름 위에 선녀들이

흰 꽃만 꺾어서

우리 동네에 뿌려 주었나?

우리 집도 이웃집도 금세 머리가 하얗게 센다.

눈은 정말로 장난꾸러기다.

위의 사례들은 흔히 우리 주변의 아이들에게서 나타나는 일반적인 행동 특성입니다. 그런데 이 아이들 모두가 창의적인 활동을 했다고 할 수 있을까요? 이 중에 어떤 것들이 창의적 사고를 요하는 것일까요? 내 아이의 생각이나 행동, 또는 작품을 어떻게 창의적이라고 말할 수 있을까요?

이 아이들의 행동 특성을 재구성해 보도록 하겠습니다. 숫자의 마술사인 서언이의 경우, 99×99의 곱셈표 암기를 통해 답이 자동으로 나올 정도로 충분한 연습을 했다고 생각할 수도 있습니다. 하지만 숫자의 체계에 새로운 방법을 고안한 것이 아니라면 그 활동에서만큼은 높은 창의성을 보이는 것이라고 말할 수 없습니다.

어린 나이에 암기력이 뛰어난 지훈이의 경우, 뛰어난 암기력을 이용해 학습의 좋은 성과를 얻을 수 있으며 지능이 높을 수도 있습니다. 그렇지만 암기

자체는 창의력을 요구하지 않습니다. 결국 이와 같은 종류의 성취는 높은 지능은 요구하지만 높은 창의성은 요구하지 않는 셈이지요.

현준이 또한 프라모델 설계도를 보고 그대로 조립해서 만드는 것은 그 작품에 관한 전반적인 구조와 만드는 방법의 설명을 잘 이해했다는 것이지 창의성을 발휘하고 있지는 않습니다.

현영이의 '눈'이라는 동시는 주어진 단계 그대로 따라 하거나 암기에 의한 것이 아니라 시적 표현으로 전환할 수 있는 언어 능력의 발달을 보일 뿐만 아니라 자신의 느낌을 언어라는 매개체를 통해 새롭게 만들어 내고 있습니다. 그러기에 이것은 창의적인 사고의 결과라고 할 수 있습니다.

수현이가 새로운 게임의 고안과 더불어 재미있고 다양한 규칙을 설정하는 것 또한 창의성 덕분이라고 할 수 있습니다.

물론 지금은 아이들의 행동이나 작품 자체만을 가지고 창의성을 설명하고 있습니다. 아이의 어떤 활동은 창의성을 많이 요구하는 것이 있는가 하면 어떤 활동은 논리적 사고나 암기력 같은 그 밖의 능력을 요구하기도 합니다. 또한 같은 아이라고 하더라도 어떤 면에서는 창의적인 사고나 활동이 뛰어날 수 있지만, 어떤 면에서는 그렇지 않을 수도 있습니다.

지능이 높은 아이가 창의적인 아이는 아니다

부모님들 중에 종종 '창의적'이란 말을 영재성과 동의어로 잘못 사용하는 분들이 계십니다. 그래서 창의적인 아이는 어떤 분야에 특별한 재주가 있거나 아주 지능이 높은 아이라고 생각하는 경향이 있지요. 물론 아주 어린 나이에 바이올린을 기가 막히게 잘 켜서 웬만한 곡을 완벽하게 연주할 수 있다면 그 아이는 음악 영재일 수 있습니다. 그렇지만 창의성이 높다고 단언할 수는 없습니다. 다시 말해 창의성이 재주나 소질 또는 지능과 같은 것은 아니라는 것입니다.

1920년대 캘리포니아에서는 수천만 명의 아이들에게 테스트를 실시해서 그중에 높은 점수를 획득한 수백 명의 아이를 영재로 판별했습니다. 그러고는 그 수백 명 아이들의 성장 과정을 장기간 추적해서 연구하였습니다. 그리고 1970년에 다시 조사하였을 때, 그 아이들 중 어느 누구도 자신들의 영역에서 창의성을 발휘하여 유명해진 사람은 단 한 명도 없었습니다.

어른들의 경우를 살펴볼 때, 대단히 우수한 두뇌의 소유자라도 융통성이 부족하고 고지식하여 창의성을 발휘하지 못하는 경우를 종종 보게 됩니다. 또한 언제나 기발한 아이디어를 떠올리고 다른 사람과는 다른 방향에서 생각할 줄 아는 창의적인 사고가 뛰어난 사람의 경우라고 하더라도, 기능이나 학업 성취도가 높은 경우도 있고 낮은 경우도 있다는 것을 알 수 있습니다. 아이의 경우도 마찬가지입니다. 지능이 높다고 반드시 특이한 아이디어나 새로운 것을 찾을 수 있는 창의력이 높은 것은 아니라는 것입니다.

창의성 관련 연구를 통해 많은 학자들은 지능이 높은 아이 집단과 보통의 지능을 가진 아이 집단에서 모두 창의성이 높기도 하고 낮기도 하다는 사실을 발견했습니다. 이와 같이 여러 연구 결과가 보여주듯 지능과 창의력과의 상관관계는 아주 낮습니다.

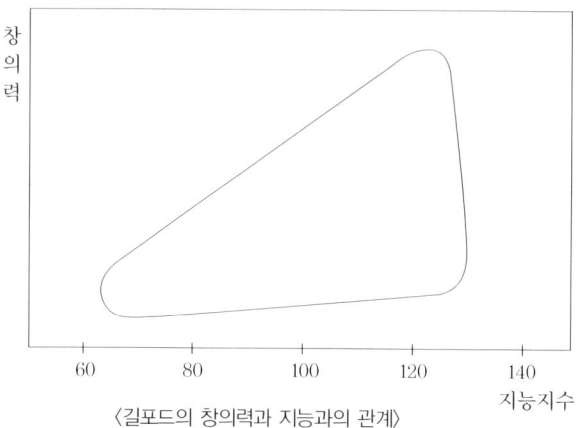

〈길포드의 창의력과 지능과의 관계〉

단, 창의성 연구자인 길포드(J.P.Guilford)의 가설적인 연구에 따르면 위 그림에서 보듯이 지능이 높은 집단일수록 창의력의 폭이 지능이 낮은 집단에 비해 넓다는 것이 밝혀졌습니다. 즉 지능이 높은 집단일수록 창의력이 낮은 수치에서 높은 수치까지의 범위가 넓은 반면 지능이 낮은 집단일수록 창의력 수치의 범위가 좁다는 것이지요.

따라서 내 아이의 지능이 높다고 창의력이 당연히 높다고 여기거나 지능이 낮다고 창의력도 당연히 낮을 것으로 여기는 부모들에게는 아이들의 창의력은 지능과는 그다지 상관없다는 인식을 새롭게 할 필요성이 있다는 점을 강조하고 싶습니다.

오히려 창의력은 지능보다 환경의 영향을 더 많이 받는다는 것이 일반적인 견해임을 다시 한 번 상기해 본다면 내 아이의 지능이 남보다 못할 것이라고 섣불리 예단해서 속상해 하지 말고 창의력 발견과 촉진을 위해 지금부터라도 부모가 더욱 노력하면 더 좋은 결과가 나올 것입니다.

하버드에 들어가기 위한 8가지 전략

전 세계인들을 흥분의 도가니로 몰아넣었던 제임스 카메론(James Cameron) 감독의 〈아바타(Avatar)〉라는 영화를 기억할 것입니다. 그런데 그 영화 속의 가상현실이 과학의 발 빠른 진보에 힘입어 실제로 현실화될 날이 멀지 않았다는 사실도 알고 계시나요? 또한 지금부터 약 10년 후에 개발되는 컴퓨터는 칩 하나의 크기로 인간의 지능과 같아질 뿐만 아니라 인간처럼 사랑의 감정까지도 가질 수 있다고 합니다.

이런 상황에서 현재의 기술 발달이 빛의 속도로 빠르게 변하고 있다고 해도 지나친 말은 아닐 것입니다. 이처럼 변화의 속도가 너무 빨라 적응도 하기 전에 새로운 것들이 끊임없이 파도처럼 밀어닥치고 있습니다. 마치 회전목마를 타고 있는 사람에게 무슨 말을 전달하기 위해 쫓아가지만 계속 도는 회전목마를 따라잡지 못하고 현기증만 나는 것과 같은 이치지요.

이러한 첨단 과학 기술의 변화와 더불어 저출산, 고령화의 인구 변화, 세상이 하나되는 세계화, 여성성(性)이 강화되는 사회 변화 등은 미래 사회를 특징짓는 큰 흐름이 될 것임은 자명한 일입니다. 이런 사회 변화에 따라 내 아이의 교육 방향과 내용도 달라져야 함은 말할 것도 없습니다.

세계적인 미래학자 앨빈 토플러(Alvin Toffler), 짐 데이토(Jim Dator) 등이 설립하여 미래 트렌드를 제시하는 싱크탱크 역할을 하는 세계미래회의(World Future Society)의 한국 대표인 박영숙 이사장은 앞으로 15년 후에 직장을 얻는 사람들은 은퇴할 때까지 39개의 일자리를 옮겨 다니며 프리랜서 또는 프로젝트에 따른 계약직으로 일하게 될 것이라고 예측하고 있습니다.

따라서 학교 수업보다도 프로젝트에 필요한 지식이나 경험을 쌓아야 한다고 주장합니다. 미래 사회는 어느 것 하나만 잘하는 사람이 아니라 새로운 것은 물론 다양한 능력을 가진 멀티 플레이어를 원하게 된다는 것이지요.

이 말은 곧 지금까지 해 온 단순한 지식 축적으로서의 교육은 이제 쓸모없게 되었고, 기존 지식을 잘 활용하는 것은 말할 것도 없고 이를 통합해서 새로운 것을 창조할 수 있는 능력을 키워주는 창의적인 교육이 필요하게 되었다는 뜻입니다. 이러한 시대의 흐름을 잘 반영하듯이 오늘날 모든 대학들은 앞다투어 창의성을 강조하고 있습니다.

예를 들면 카이스트에서는 초등학교 때부터 경시대회 준비에 대한 사교육이 널리 퍼져, 선행 학습을 하는 학생들이 상을 받는 경우가 많아졌다고 보고, 선행 학습을 통해 문제 하나 더 푸는 학생은 20년 후에 국가를 이끌어 가는 인재가 되지 못할 것이라고 판단했습니다. 따라서 경시대회 성적보다 창의성과 잠재 능력이 있는 학생들을 발굴하여 교육하겠다고 선언하기에 이르렀지요.

또한 세계 일류 대학으로 손꼽히는 하버드 대학에서도 학생을 선발하는 데 있어서 더 이상 우수한 학교 성적만을 요구하지 않습니다.

다음 내용은 하버드 대학 교내 신문인 《하버드 크림슨(The Harvard Crimson)》이 최근 몇 년 사이 입학한 학생 50명의 사례를 분석해 《그들은 어떻게 하버드에 입학했나(How they got into Harvard)》라는 제목으로 책을 출판하였는데, 그 중에서 입학 노하우를 소개한 내용 중 일부입니다.

올해 미국 하버드 대학에 지원한 학생 2만 2796명 중 56퍼센트는 미국 대학수학능력시험(SAT) 성적이 1400점(1600점 만점) 이상인 수재들이다. 그러나 합격 통보를 받은 학생은 그중에서도 2074명(16퍼센트)에 불과하다. 공부만 잘해서는 합격할 수 없다는 사실을 보여 주는 대목이다.

한국계 미국인인 라켈 브래큰(SAT 1500점) 양은 2000년 전국 규모의 토론대회에서 우승할 정도로 발군의 실력을 보였다. 그녀는 하버드 대학 지원 당시 자신이 토론을 통해 얻은 것들을 에세이로 작성했다. 라켈 양의 합격 비결은 자신의 강점을 하버드 대학에 충분히 알렸기 때문이라는 것이 크림슨의 분석이다.

브라이언 첸 군은 SAT 1600점의 만점자이다. 그러나 그는 '방심'하지 않았다. 그는 과학에 대한 자신의 열정을 부각시켰다. 학교에서 과학 모임을 이끌었던 경험, 그리고 물리학·화학·세포생물학 분야의 전국 대회에 출전해 수상한 기록들은 대학 측에 깊은 인상을 남겼고 마침내 합격했다.

해리슨 그린바움(SAT 1490점) 군은 어려서부터 마술에 소질을 보여 이미 고교 1학년 때 미국마술사협회의 정식 회원이 됐다. 그는 에세이 소재를 마술로 정했다. 또 하버드 대학 입학 전형 담당자가 직접 경험할 수 있도록 에세이에 간단한 마술을 포함시켰다.

평범한 에세이로는 매일 입학 서류 더미에 파묻혀 살고 있는 입학 전형 담당자의 눈길을 끌 수 없다는 크림슨의 지적을 주목해야만 한다. 그린바움 군은 이처럼 튀는 에세이와 독특한 경력을 인정받아 수시 전형에서 합격했다.

— 〈동아일보〉 기사 발췌

그러면서 마지막으로 '하버드 대학에 들어가기 위한 8가지 전략'을 소개하고 있습니다.

① 자신의 재능을 사랑하라.
② 열정을 보여 줘라.
③ 공부뿐 아니라 다양한 분야에 관심을 가져라.
④ 리더십을 발휘하라.
⑤ 불리한 점을 강점으로 바꿔라.
⑥ 튀는 에세이를 써라.
⑦ 커넥션을 만들고 활용하라.
⑧ 다양한 방법을 통해 최대한 자신을 알려라.

창의력 '보물 지도'를 건네주어라

이러한 현상은 대학뿐만이 아닙니다. 기업에서도 입사 지원자들의 자기 소개서를 읽을 때 식상하거나 진부한 인상을 받았던 단어 1위로 '성실성'(40.0퍼센트)을 꼽았다고 하니 세상이 참 많이 변했습니다. 얼마 전까지만 해도 '성실하고, 학업성적이 우수하며, 용모 단정한 자'를 원하던 기업이 이제 숨 가쁘게 변화하는 시대를 반영이라도 하듯 새로운 유형의 사람을 찾고 있는 것입니다.

출신 대학과 학점, 입사 시험 성적 등에 따라 우수한 실력을 가진 사람을 신입 사원으로 선발하던 방법에서 이제는 어떤 상황에 구태의연하게 적응하기보다는 창의적인 접근을 통해 새로운 방법으로 문제를 해결할 수 있는 능력을 가진 창의적인 인재를 선발하는 방식으로 바뀌었습니다. 지원자들의 기발한 생각과 더불어 과제 집착력, 모험심, 다양한 경험, 인간미, 심지어 엉뚱한 아이디어까지 다방면에서 역동적이며 적극적인 사람을 찾고 있는 셈이지요.

이와 같은 특징은 바로 창의적인 인물들이 보여주는 특성들에서 잘 나타나고 있습니다. 즉 너무나 빠르게 변해 가는 사회에서 앞서 가기 위해서는 새로운 아이이어를 많이 창출할 수 있는 창의적인 사람, 강한 개성으로 어느 곳에 있든지 튀는 사람을 환영하고 있습니다.

이제 아무리 많은 지식을 가지고 있어도 창의력이 부족하면 성공을 보장할 수 없습니다. 과거와는 달리 지식은 단순히 지식으로 치부될 뿐입니다.

'어떻게 하면 내 아이를 공부 잘하게 하여 좋은 대학에 입학시킬 수 있을까'를 걱정하던 시대가 이미 지나가고 있습니다. 이제는 '어떻게 하면 내 아이를 다른 아이와 다르게 창의성 있고 능력 있는 아이로 키울까'를 고민해야 하는 시대에 우리는 살고 있는 것입니다.

지금 여러분의 아이를 살펴보세요. 급변하고 있는 이 시대가 요구하는 그런 사람이 될 조짐이 보이나요? 여러분이 속 끓이며 안타까워하는 아이의 말썽이 단순한 문제 행동이 아니라 창의적인 싹이 돋고 있는 태동의 몸짓이 아닌지 자세히 관찰해야 합니다.

또한 부모나 교사들의 억압적인 태도나 가정과 학교에서의 자유스럽지 못한 분위기 때문에 사랑스런 내 아이의 창의성이 발휘되지 못하고, 답답하게 억눌려 있는 것은 아닌지 곰곰이 생각해 보아야 할 때입니다.

따라서 도저히 상상할 수 없는 엄청난 변화가 예상되는 미래를 향해 떠나는 아이들에게 이미 만들어진 단순한 지식 전달보다는 상상력과 창의력을 찾을 수 있는 '보물 지도'를 건네주어야 합니다. 미래 사회는 그냥 맞는 오늘이 아니라 치밀하게 준비해서 맞아들여야 하는 내일이기 때문입니다.

내 아이가 미래의 해리 포터다

영국 노팅엄서 지방의 로버트 맬러스(Robert Mellors) 초등학교는 오랫동안 아이들의 성적이 전국 하위 25퍼센트에 머물렀습니다. 그러다가 3년 전부터 학생들이 고른 주제를 중심으로 매 학기 수업을 실시하자 성적이 상위 5퍼센트로 껑충 뛰어오르는 놀라운 일이 벌어졌습니다.

조앤 롤링(Joan K. Rowling)이 쓴 세계적인 베스트셀러 《해리 포터(Harry Porter)》가 주제로 채택된 학기에는 소설 속 마법 학교 기숙사 이름을 쓰는 교실에서 수업을 진행하면서 수학 시간에는 《해리 포터》의 등장인물을 연상시키는 마법사 복장을 한 선생님이 문제를 내면 학생들은 주문과 함께 마법 지팡이를 흔들면서 답을 이야기합니다. 국어 시간에는 《해리 포터》를 읽고 직접 연극 대본을 씁니다.

이와 같은 방법으로 수업을 진행하자 학생들의 학습에 대한 관심이 높아졌고 공부를 즐거워하게 되었지요. 학생들이 호기심을 갖는 주제를 수업에 연결하는 기발한 아이디어가 학습 효과를 극대화한 것입니다.

이와 같이 창의성은 어느 곳에서나, 누구에게나 필요하며 남다른 창의성의 발휘는 개인이 처해 있는 자리를 빛내 줍니다. 창의성은 인류 역사상 위대한 업적을 남긴 에디슨이나 아인슈타인, 모차르트, 피카소 같은 사람들의 전유물이 결코 아닙니다.

인본주의 심리학의 창시자라고 할 수 있는 매슬로우(Abraham Maslow)는 "창의성은 일상생활 전반에서 넓게 나타나며 매사를 더욱 창의적으로 수행해 가는 어디에서나 볼 수 있는 성향이다."라고 주장했습니다.

예를 들어, 그의 연구 대상자 중 한 사람인 가정주부는 아주 비용을 적게 들여서 집 안 곳곳을 아름답게 꾸미고, 맛있는 음식 솜씨를 가족들에게 선보이는 등 가정 생활의 모든 분야에서 독창적이고 참신하며 기발한 능력을 발휘했습니다. 매슬로우는 이 주부를 자신이 맡은 역할에서 상당히 창의적인 활동을 한 사람이라고 평가합니다.

그리고 한 정신과 의사를 예로 또 듭니다. 그는 결코 심도 있는 연구 활동을 통해 정신치료 학계에서 주목받을 만한 이론을 만들어 내지는 않았지만 자신을 찾아온 환자들이 스스로 만족할 수 있는 자신감을 회복하도록 창의적인 치료법으로 환자를 치료합니다.

그는 환자 치료에 있어서 환자의 상태에 따라 각각 다르게, 그리고 이전과는 전혀 다른 새로운 방법으로 훌륭한 치료 성과를 거두었습니다. 그가 정신치료라는 쉽지 않은 분야에서 크게 성공할 수 있었던 키워드가 자신만의 창의적인 치료법 개발이었음은 두말할 필요도 없습니다.

그렇다면 매슬로우의 결론은 무엇일까요? 그는 '창의성'이란 용어를 예술가, 발명가, 작가와 같이 흔히 끊임없이 창의력이 요구된다고 알려진 전문 직업인으로 제한하여 적용하지 않았습니다. 오히려 자신이 맡은 일에서 얼마만큼 창의적으로 사고하고 행동할 수 있는지를 기준으로 삼았습니다. 그러면서 매슬로우는 "일류 가정주부가 이류 화가보다 더 창의적이다."라고 결론을 내립니다.

결국 창의성은 어떤 특정 영역의 전문인만을 위한 것이 아닙니다. 창의성은 집 안을 자신만의 방식으로 아름답고 깨끗하게 꾸미는 가정주부에서부터 컴퓨터의 최신 기술을 통해 우주선을 띄우는 과학자까지 모든 사람에게 필요한 것입니다. 즉 창의성은 특정한 어떤 한 사람만을 위한 것이 아니고 우리 모두의 것입니다.

사람마다 자신의 재주를 얼마만큼 잘 활용하고 성공적으로 이끄는가는 그들이 얼마나 창의적으로 사고하는지와 깊은 관계가 있습니다. 아무리 많은 지식과 그 분야에 특별한 능력이나 재주가 있다 하더라도 융통성도 없고 자신의 능력을 창의적으로 활용하지 못한다면 그 능력은 별로 빛을 발하지 못할 것입니다.

어떤 화가가 아무리 그림을 잘 그리는 재주가 있다 하더라도 그가 창의적으로 주제를 선정하고, 새로운 기법으로 그림의 완성도를 높이는 등 다른 사람보다 독특하고 멋있는 그림을 그리는 발상을 하지 못한다면 그 화가는 단지 있는 그대로를 사진처럼 그려내는 일만 잘할 뿐 예술적이고 창의적인 작품을 만들지 못할 것입니다. 즉 창의적인 행동이나 작품이 나타나기 위해서는 재주, 소질 또는 특별한 능력 위에 반드시 창의적 사고 능력이 높아야 합니다.

《해리 포터》의 작가 조앤 롤링이 아무리 책을 많이 읽고 글 쓰는 소질이 있다고 하더라도 만약 그녀가 상상력이 빈약하고 남들의 호기심을 자극하는 기발한 발상을 할 수 있는 창의적 사고 능력이 없었다면 그렇게 전 세계 사람을 사로잡을 만큼의 뛰어난 책은 나올 수 없었을 것입니다.

내 아이에게 종이비행기를 날려 보내라

초등학교 3학년 아이들에게 다음과 같은 과제를 제시했습니다. 사탕 두 개와 색종이, 풀, 가위 등을 주고 엄마 아빠께 어버이날 선물로 사탕을 드리려면 어떻게 포장할 것인지 멋지게 만들어 보도록 했습니다.

수빈이는 색종이로 종이학을 접어 작은 학이 큰 학을 업고 있는 형상을 만들고 앞뒤로 사탕을 달았습니다. 또한 '평생 엄마 아빠를 업는 마음으로 효도할게요!'라는 짤막한 글도 학 날개 위에 붙였습니다. 그리고 유진이는 가지고 있던 열쇠고리에 사탕을 달고 색종이로 꽃을 만들어 붙였습니다.

대부분의 아이들이 단지 사탕 자체를 예쁘게 포장을 하는 데 신경을 쓰는 동안 수빈이와 유진이는 창의적인 아이디어로 색다른 선물을 만들었습니다. 수빈이와 유진이의 창의적 아이디어는 그들의 창의적 사고 능력이 다른 아이들보다 높기 때문에 가능했습니다.

이러한 창의적 사고는 어느 영역에서든지 누구에게나 필요합니다. 다 쓴 깡통으로 재떨이, 고기 굽는 판, 양초 받침대 등을 만드는 것과 같은 폐품 활용에서부터 태양열로 움직이는 자동차를 발명하는 일까지 창의적 사고는 개인의 소질이나 재주를 꽃피우게 하는 원동력이 됩니다.

그리고 창의적 사고 능력 또한 어느 정도는 타고나는 것도 있지만, 훨씬 많은 부분이 주변 환경과 교육, 훈련에 의해서 얼마든지 향상될 수 있습니다. 이에 대한 구체적 훈련 방법은 뒤에서 말씀드리겠습니다.

그리고 아이를 키우는 엄마의 일상에서 창의성을 발휘하는 것은 더 한층 밝은 미소를 안겨줍니다. 하루에 아이와 얼마나 긴 시간을 보내고 있고, 아이를 다루는 방법 때문에 골치 아프고 짜증나는 시간은 또 얼마나 많은지요?

그래서 장난감을 어질러 놓고 치우지 않는 아이를 향해, "너 또 안 치웠어, 한번만 더 그러면 장난감 없애 버린다. 알았지?"라는 경고성 말을 몇 차례나 반복하고 있지는 않은지요? 오늘 한 번쯤은 내 아이를 향해 메모가 적힌 멋진 종이비행기를 날려 보세요.

"민준아, 잘 놀았으면 장난감은 네 손으로 정리하기 바란다."

민준이를 사랑하는 비행기 조종사 엄마로부터.

아이로 하여금 장난감을 치우고 싶다는 마음을 만들어 주는 작지만 현명한 엄마의 손길이 느껴지지 않나요?

사소한 일에서부터 큰일에 이르기까지 창의성이 발휘될 때 아이와 부모의 삶은 좀 더 윤택해질 수 있음을 마음속에 간직하고 하나하나 실천해 보세요.

계속되는 창의성의 실천은 여러분의 창의성을 놀라울 정도로 향상시켜 줄 것입니다. 부모가 우선 창의적인 생활을 보여 주어야 아이가 창의적으로 될 수 있다는 사실을 명심하시기 바랍니다. 콩 심은 데 콩 나고 팥 심은 데 팥 납니다.

자, 지금부터 꾸준히 노력하여 창의성을 여러분의 것으로, 그리고 여러분 아이의 것으로 만들어 주세요. 창의성은 결코 멀리 있는 것이 아니라 바로 우리 눈앞에 숨어 있습니다.

chapter 02

나는
얼마나 창의적인
부모인가

그림을 통한 창의성 테스트

다음은 배런-웰시(Barron-Welsh)의 그림 선호도 검사입니다. ❶에서 ❿까지 각 쌍의 그림 A와 B 중 마음에 드는 그림을 선택해 보세요(너무 고민하지 말고 고르세요).

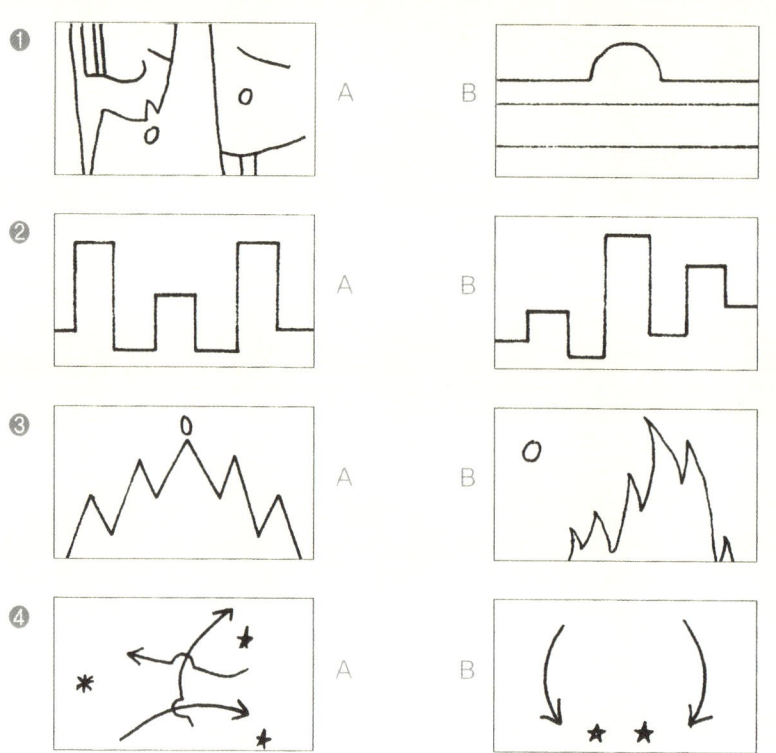

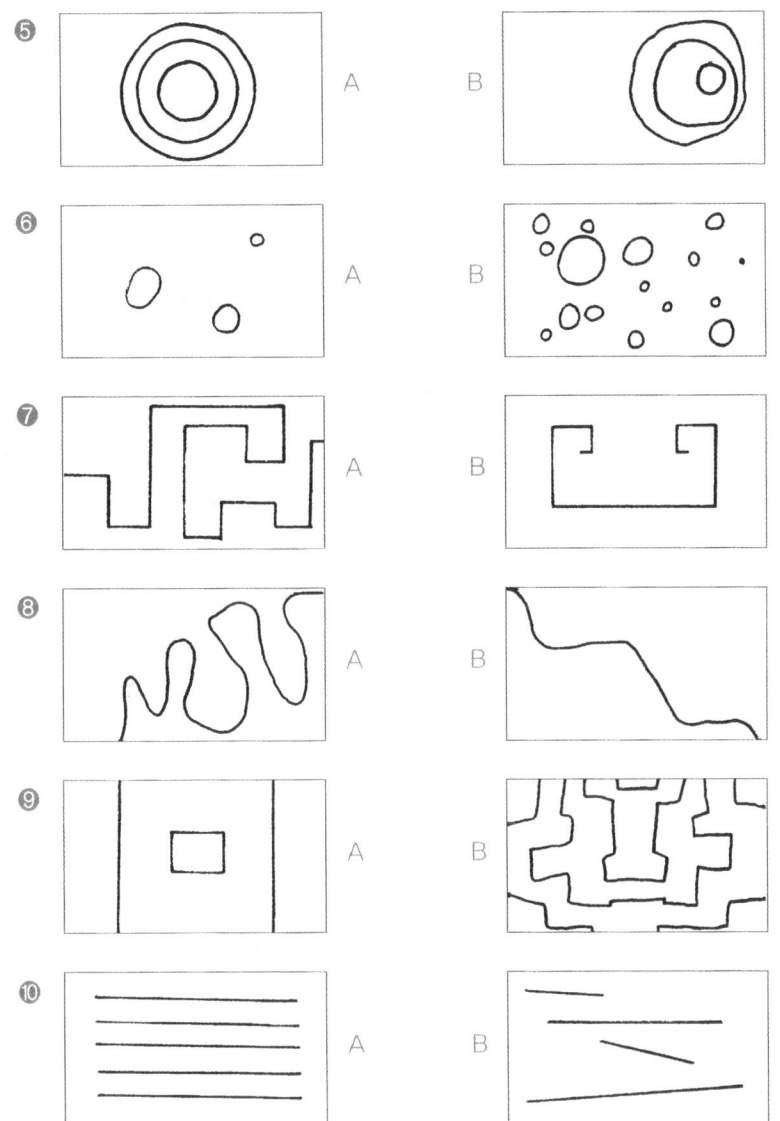

그림을 통한 창의성 테스트 정답
❶ A   ❷ B   ❸ B   ❹ A   ❺ B
❻ B   ❼ A   ❽ A   ❾ B   ❿ B

    10개의 선택이 모두 끝난 후에 위에 나와 있는 정답과 비교해 보세요. 몇 개의 정답과 일치하나요? 정답으로 제시된 그림들은 정답이 아닌 그림들과 비교해서 어떤 점이 다른지 분석해 보세요. 자세히 살펴보면 정답의 그림들이 좀 더 복잡하고 무질서하다는 점을 발견할 수 있을 것입니다.

    창의적인 사람들은 단순한 것보다는 복잡한 것을, 질서정연한 것보다는 무질서를 선호하는 사람들이 많습니다. 그렇다고 복잡한 것을 좋아하고 무질서를 선호하는 사람일수록 창의적이고, 그렇지 못한 경우는 전혀 창의적이 아니다라고 말할 수는 없습니다.

    단지 이 테스트 결과만을 놓고 봤을 때에 창의적인 사람들 중에는 무질서에서 자신만의 질서를 찾고자 하는 사람들이 많다는 것을 발견할 수 있습니다. 그리고 점수가 낮은 사람들일수록 너무 정확하고 질서정연한 것을 좋아하여 조금이라도 틀에서 벗어나거나 논리에 맞지 않는 것을 용인하지 못하는 경우가 많습니다.

그러다 보면 독창적인 아이디어로 새로운 각도에서 문제를 해결해야 하는 상황에 부닥쳤을 때에는 창의적인 사고에 방해를 받을 수 있습니다. 물론 창의적인 사람들의 특징이나 성향이 이외에도 여러 가지가 있지만 이 테스트를 통해 본인의 점수가 너무 낮을 경우, 자신의 그런 성향이 아이의 창의력 발달에 미칠 영향을 생각해 보아야 합니다. 내 아이를 정말 창의적으로 키우기 위해서는 부모가 먼저 창의적이어야 하기 때문입니다.

나는 얼마나 창의적인가

창의성을 심어 준 부모만이 창의적인 아이를 기대할 수 있습니다. 그래서 부모가 먼저 창의성이 있어야 하는 것은 어쩌면 당연한 이야기입니다.

그런데 모든 부모가 창의적일까요? 어떤 부모는 아이디어를 기막히게 잘 내는가 하면 어떤 부모는 새로운 아이디어를 내는 데는 별 공헌을 못할 뿐만 아니라 새로운 것 자체를 불편해 합니다. 여러분은 스스로를 얼마나 창의적인 사람이라고 생각하시나요? 판단을 위해 아래 기준을 먼저 살펴보세요.

〈나는 얼마나 창의적인가〉

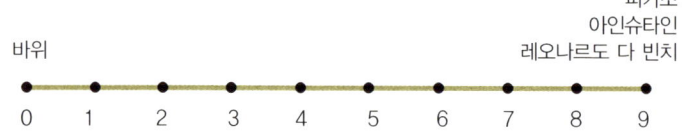

바위처럼 전혀 생각 없이 사는 사람의 창의성이 0의 수준이고 피카소, 아인슈타인, 레오나르도 다 빈치와 같이 인류 역사상 뛰어난 창의적 업적을 남긴 사람들의 창의성 수준을 9라고 가정할 때, 여러분이 생각하는 스스로의 창의성 수준을 해당 번호에 표시해 보세요. 그리고 왜 그와 같은 수준이라고 생각했는지, 어떠한 것들이 그러한 수준을 선택하는 데 영향을 미쳤을지를 정리해 보세요.

창의적인 부모의 모습을 보고 자랐는지, 틀에 박힌 사고에서 벗어난 생활을 했는지, 개성을 얼마나 표현할 수 있었는지, 여행을 통해 풍부한 경험을 하고 생각할 수 있는 기회가 많았는지, 새로운 생각을 언제나 마음 편히 이야기할 수 있는 분위기였는지, 마음 놓고 도전할 수 있는 분위기였는지 등 여러 가지 요인이 여러분의 창의성 발달에 영향을 미쳤을 것입니다.

또한 어떤 분야에 높은 창의력을 발휘한 사람과 그렇지 못한 사람을 비교할 때 창의적인 사람은 어떤 특성이 있을까요? 다음 나열된 항목들은 창의적 성과를 돕거나 방해하는 개인의 특성에 관한 연구들을 토대로 검증된 창의적인 사람의 일반적인 특성들입니다.

경험에 개방적이다.
자신감에 차 있다.
독립적이다.
위험에 도전적이다.
유머 감각이 있고 쾌활하다.

실험을 즐긴다.

일을 향한 에너지가 풍부하다.

감성적이다.

겁이 없다.

관습에 얽매이지 않는다.

융통성이 있다.

복잡한 것을 좋아한다.

장난기가 있고 어린아이 같다.

자율적이다.

자립심이 강하다.

주장이 강하다.

호기심이 강하다.

상상력이 풍부하다.

무질서를 용인한다.

엉뚱한 경향이 있다.

의욕적이다.

애매모호함을 잘 견딘다.

물론 위와 같은 특성들이 창의적인 사람에게서 모두 골고루 나타나는 것은 아닙니다. 창의적인 사람과 창의성의 특성은 너무 많아서 사실상 모든 것을 만족하는 일반화된 특성을 만들기는 어렵습니다. 그래서 위의 나열된 항목

중에 어떤 것은 창의적인 사람과는 정반대되는 특성일 수도 있습니다.

 예를 들면, 창의적인 두 음악가 중에서 모차르트의 경우는 장난이 심하고 여러 면에서 성숙되지 못하여 엉뚱한 면이 많았지만, 베르디의 경우는 의젓하고 자립심이 강하며 성숙한 면을 많이 보였습니다. 단지 위의 특성들이 창의적인 사람들에게서 흔히 볼 수 있는 것들이며, 그런 특성들이 창의적인 행동과 성과를 돕는다는 정도로 이해하시면 됩니다.

창의적인 부모와 창의적이지 못한 부모

〈쥬라기 공원(Jurassic Park)〉을 비롯한 수많은 영화를 제작한 스티븐 스필버그(Steven Spielberg)가 세계적으로 유명한 감독이 되기까지는 가족의 끊임없는 격려와 노력이 있었습니다. 스필버그가 보이스카우트에서 실시하는 영화 제작 대회에 참가하겠다고 신청서를 제출했을 때 그의 아빠는 스필버그에게 최고급 8mm 카메라를 사 주었습니다. 스필버그의 엄마는 영화를 제작하기 위해 스필버그가 요구하는 터무니없는 일까지 기꺼이 도왔습니다.

어느 날 스필버그는 아주 무서운 영화를 만드는 데 부엌 찬장에서 무엇인가 흉측한 것이 흘러나오는 장면을 촬영하기를 원했습니다. 그의 엄마는 버찌 30통을 사서 압력솥에 푹 삶았지요. 그러고는 그 버찌가 폭발하여 부엌 가득히 빨갛게 물들도록 했습니다.

스필버그의 괴상한 영화 촬영 후, 그녀가 부엌에서 버찌 자국과 버찌 냄새를 완전히 없앨 때까지는 무려 1년이 넘게 걸렸습니다. 그런데 한번 생각해 보세요. 만약 엄마가 그를 도와주는 대신 "말썽 좀 그만 피우고 제발 공부 좀 해라."라고 말했다면 오늘날의 그 유명한 스필버그가 탄생했을까요?

매우 창의적인 사람들의 어린 시절을 살펴보면 그들 부모들은 아이에게 책을 읽어 주거나 이야기를 들려 주고, 또한 그림을 그려 주는 등 아이를 위해 많은 관심을 가졌습니다. 뿐만 아니라 함께 토론하고, 함께 탐구하고, 함께 여행하는 등 아이들과 공유하는 시간이 많았습니다.

캘리포니아의 심리학자들은 매우 창의적인 아이들의 가정과 가족에 관한 종단적인 연구를 하여 별로 창의적이지 않은 아이들의 가정과 가족을 비교했습니다. 그 결과 다음과 같은 두 집단의 차이가 나타났습니다.

	아이에 대한 부모의 태도	아이가 어떤 일을 하고자 할 때 부모의 반응
매우 창의적인 아이의 부모	· 아이의 의견을 존중하고 의견을 자유롭게 표현하도록 격려했다. · 아이도 생각하고, 공상하고, 때로는 빈둥빈둥 놀기도 해야 한다고 생각한다. · 아이 스스로 많은 것을 결정하도록 했다. · 부모와 아이가 함께 다정하고 친밀한 시간을 가졌다. · 사물에 대한 호기심, 의문을 언제든지 나타내도록 격려했다. · 아이가 노력하고 성취한 것을 부모가 인정하고 있음을 그들이 알고 있도록 확신시켰다.	· 아이를 격려하고 지지했다. · 자아를 존중하는 태도로 아이를 대했다. · 상황을 즐기도록 유도했다. · 아이와 함께 있는 것을 즐거움으로 여겼다. · 아이에게 용기를 주고 지원했으며 칭찬했다. · 아이와 좋은 동료 관계를 이루었다. · 독립적으로 일하도록 격려했다.

창의적이지 못한 아이의 부모	· 일정한 형식을 가르치고 잘못 했을 때는 벌을 준다. · 부모 앞에서는 아이가 절대로 화를 낼 수 없게 했다. · 부모 자신들의 견해와 다른 생각을 갖고 있는 가족의 아이와는 가까이 지내지 못하도록 했다. · 아이는 눈에 보이는 것만 믿어야 한다고 생각했다. · 아이에 대해 별로 만족스럽지 못했다. · 부모의 결정에 의문을 제기하는 것을 허락하지 않았다.	· 그 일을 지나치게 구체적으로 설명하는 경향이 있다. · 부모가 그 일을 직접 지시하는 경향이 있다. · 일에 대한 구체적인 해결책을 제시하는 경향이 있다. · 상황에 따라 적대시했다. · 아이를 비난했으며 그들의 생각이나 제안을 거절했다. · 아이에 대한 자랑스러움이 부족했다. · 아이와 힘겨루기를 했다. · 어려움이 있으면 뒤로 물러나고 포기했다. · 과제를 하도록 압력을 행사했다. · 아이에게 화를 냈다.

여러분의 태도는 어느 쪽입니까? 내 아이의 창의성을 생각한다면 창의적인 아이의 부모님 태도를 배워야 하지 않을까요? 대한민국 영화대상 감독상을 수상한 봉준호 감독이 수상 소감으로 다음과 같은 얘기를 했습니다.

"나와 스태프에게 너무 힘든 영화였습니다. 하지만 이 영광을 아버지에게 돌리고 싶습니다. 자유롭고 엉뚱하게 클 수 있도록 키워 준 아버지에게 감사드립니다."

아들의 엉뚱한 행동을 인정하고 자유스러운 분위기를 만들어 준 봉준호 감독 아버지의 교육이 그렇게 창의적인 영화를 만들 수 있게 한 것임을 기억하기 바랍니다.

내 아이가 어떤 꽃인지를 먼저 파악하자

길을 걷다 너무 예쁜 꽃을 발견해서 돈을 치르고 집으로 가져왔습니다. 매일 물을 주고 많은 정성을 기울였습니다. 하지만 꽃은 하루가 다르게 시들어 갔습니다. 이제 화분 안에는 꽃이 없습니다. 꽃은 일주일에 한 번만 물을 주어야 하는 꽃이었습니다. 사랑도 마찬가지입니다. 사랑을 하기 위해서는 그 사람을 먼저 알아야 합니다.

– 〈광수생각〉 중에서

그렇습니다. 꽃은 모양과, 색, 향기가 다를 뿐만 아니라, 꽃이 잘 자라기 위해서는 필요한 물이나 햇볕의 양, 적절한 온도가 제각기 다릅니다.

하버드 대학 교수인 하워드 가드너(Howard Gardner)는 인간의 정신 능력을 IQ와 같은 한 가지 지능만으로 설명할 수 없으며, 언어지능, 수–논리지능, 음악지능, 신체–운동지능, 공간지능, 대인관계지능, 자기이해지능, 자연탐구지능 등으로 구분해야 한다는 '다중지능이론(Multiple Intelligence)'을 제시하고 있습니다. 즉 개인마다 그 영역별로 영재성을 구분해야 한다는 것입니다.

"밝은 달빛이 밤하늘에 노오란 물감을 칠해요."라고 표현할 줄 아는 언어 상상력이 풍부한 아이, 하루에 스케치북 하나를 다 사용할 정도로 그림 그리기를 좋아하는 아이, 노래를 쉽게 따라 할 뿐만 아니라 가사를 제멋대로 만들어 부르기도 하는 음악적 재능이 뛰어난 아이 등 각자 아이들은 자신만의 재주를 갖고 있습니다.

또한 아이들마다 기질적으로 다릅니다. 새로운 환경에 적응도 잘하고, 우호적인 순한 아이가 있는가 하면, 매우 활동적이면서 부정적인 정서를 자주 보이는 까다로운 아이가 있고, 비활동적이고 적응이 느린 아이도 있습니다.

그밖에 학습 능력이나 학습 스타일, 호기심, 과제 집착력, 학습 동기 등 여러 면에서 아이들은 자신만의 색깔을 갖고 있습니다. 이런 아이들을 모두 똑같은 방법으로 교육시킨다는 것은 모든 꽃에 하루에 한 번씩 물을 주는 것과 다를 바가 없습니다.

어떤 아이든지 고유의 색깔에 맞추어 교육했을 때에야 비로소 행복한 삶을 누릴 수 있게 됩니다. 비밀의 문, 그것을 열 수 있는 첫 번째 열쇠는 바로 우리 아이가 어떤 꽃인가를 제대로 파악하는 것입니다.

2008년도 베이징 올림픽에서 여자 역도 세계신기록을 세우며 금메달을 목에 건 장미란 선수는 이렇게 수상 소감을 전했습니다.

"내가 잘 할 수 있는 것을 찾아내어 길러 주신 부모님께 감사드립니다."

과연 내 아이는 무슨 재주가 남다른가요?

부모의 창의성에서 아이의 창의성이 솟아난다

민석 : 엄마, 엄마! 군인 아저씨들이 탄 트럭이 수천 대가 지나가고 있어요. 무슨 전쟁이라도 난 것 같아요.

엄마 : 민석아, 너 허풍 떨지 말라고 엄마가 수만 번 말했지.

엄마와 민석이의 대화를 잘 들어 보세요. 놀이터에서 놀던 민석이는 조금 많은 트럭을 수천 대라고 숨이 넘어가는 다급한 목소리로 말하고, 엄마는 그런 민석이가 또 평소 습관처럼 허풍을 떤다고 생각하면서 그러지 말라고 이미 수만 번 말했다고 강조합니다. 민석이의 허풍은 바로 엄마의 닮은 꼴이 아닌가요?

내 아이 교육도 마찬가지입니다. 부모는 모든 행동에서 아이의 모델입니다. 모델이 동쪽으로 가면서 아이는 서쪽으로 가기를 기대하면 안 됩니다. 아이는 언어뿐만 아니라 대부분의 행동을 부모나 형제, 또래 친구 등의 행동을 보고 그대로 모방하면서 습득합니다. 나이가 어릴수록 흡수력이 강력합니다. 따라서 어릴 때일수록 부모로부터 받는 행동 메시지가 아이의 성장 발달에 미치는 영향은 큰 것입니다. 내 아이에게 좋은 행동을 기대한다면 부모가 먼저 모범적인 행동을 보이세요.

창의적인 행동도 결코 예외는 아닙니다. 부모가 고리타분한 사고방식을 갖고 융통성 없이 생활하는지, 아니면 매사에 새롭게 생각하고 창의적으로 살아가는 모습을 보이는지는 자라나는 내 아이에게 그대로 비쳐집니다. 그래서 내 아이가 창의적인 아이로 자라기를 바란다면 먼저 부모가 창의적인 행동으로 모범을 보여 주어야 합니다.

제가 알고 있는 한 창의적인 가정의 부모는 가족이나 친지 등에게 선물할 때마다 새롭고 독특한 아이디어를 발휘해서 받는 사람들에게 즐거움도 함께 선사합니다. 아내의 생일에 남편은 그녀가 좋아하는 음악이 실린 CD 6장을 샀습니다. 그 6장을 모두 가지런히 쌓아 포장할 수도 있었겠지만, CD 크기만 한 정육면체의 상자를 구하여 6장을 각 상자의 면에 부착을 시킨 후 포장을 하였습니다. 물론 아무도 그만한 크기의 상자에서 CD 6장이 있으리라고는 미처 짐작하지 못했습니다.

또한 딸의 생일날에는 엄마가 딸에게 예쁜 봉투를 만들어 건넸습니다. 그 안에는 '*주말여행 초대권 : 엄마 아빠는 사랑하는 딸 지원이의 생일을 축하하기 위해 주말여행에 초대한다. 장소는 지원이가 정한다.*'라고 적혀 있었습니다.

이러한 부모의 모습을 보고 자란 지원이는 아빠의 크리스마스 선물로 '자동차 무료 세차권(10회), 지원 세차장'이라고 쓴 카드를, 그리고 엄마에게는 '엄마의 손길'이라는 제목으로 시를 쓰고 그것을 고무장갑과 함께 선물했습니다.

사랑도 받아 본 사람이 베풀 줄 알듯이 창의적인 행동을 보고 배운 사람만이 창의적인 행동을 할 수 있습니다. 아이의 창의적인 사고와 창의적인 행동이 발휘되기를 원한다면 부모가 창의적이어야 함에는 의심의 여지가 없습니다.

부모부터 고정관념에서 벗어나라

7살 반 유치원생들에게 '옛날 옛적에'로 시작해서 '행복하게 살았답니다'로 끝나는 이야기를 만들어 오도록 하였습니다. 모두들 서투른 글씨로 이야기를 재미있게 꾸며 왔습니다. 그런데 한 아이가 아무 것도 해 오지 않았습니다. 이상하게 생각한 제게 그 아이의 엄마가 한 말씀이 제 가슴을 답답하게 했습니다.

"아 글쎄, 이 녀석이 '옛날 옛적에 파란 머리 왕자님과 노란 머리 공주님이 결혼을 했습니다.'라고 썼지 뭐예요. 파란 머리를 한 사람이 어디 있느냐고 제대로 다시 쓰라고 했어요."

아이의 상상 세계를 이해하기보다는 현실에서 가능한 사실만을 고집하는 부모의 사고는 아이의 융통성이나 상상력의 싹을 밟아 버리고 마는 일입니다. 아이의 상상 세계에서는 파란 머리든, 빨간 머리든, 초록 머리든 모두 가능합니다. 오히려 남들이 생각하기 힘든, 현실의 세계에서 보기 힘든 것을 생각할 줄 아는 힘이 독창성의 근원이 됩니다.

내 아이에게 고정된 사고방식에서 벗어나게 하고 융통성을 길러 주기 위해서는 부모 자신이 먼저 틀에 박힌 사고에서 벗어나야 합니다. 보이지 않는 틀에 박힌 사고가 발전을 더디게 합니다. 사람들은 이미 시행되어 옳다고 여겨지는 것을 좇아 행동하기를 좋아합니다. 그러나 고착된 유형을 깨뜨릴 때 창의성은 자라날 수 있고, 관습적으로 불가능하게만 보이는 것의 해결법도 찾을 수 있습니다.

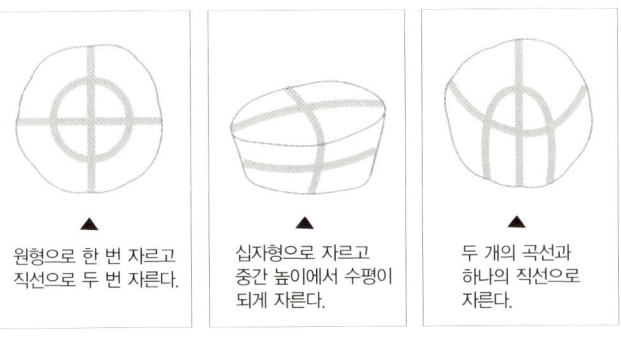

▲ 원형으로 한 번 자르고 직선으로 두 번 자른다.

▲ 십자형으로 자르고 중간 높이에서 수평이 되게 자른다.

▲ 두 개의 곡선과 하나의 직선으로 자른다.

예를 들면, 위 그림처럼 케이크를 칼을 세 번만 사용하여 여덟 조각으로 나누는 방법을 살펴봅시다. 대부분의 사람들은 이 케이크를 쐐기 모양으로 나누려 하고 동시에 똑같은 크기로 나누려고 생각하기 때문에 문제를 쉽게 풀지 못합니다. 일상생활 속에서 케이크를 자르는 모양과 동일한 크기로 나누어야 한다는 습관적인 사고가 해결을 방해합니다. 그러나 고정된 사고의 벽을 허물 때 새로운 해결책이 그 벽 뒤에서 우리를 기다리고 있다는 사실을 깨닫게 됩니다.

고정된 사고를 깨뜨리는 일은 쉽지 않습니다. 오랫동안 습관처럼 우리 머릿속에 깊숙이 자리하고 있기 때문에 그것으로부터 벗어나기 위해서는 의도적인 노력이 필요합니다. 양손을 깍지 끼워 보세요. 그리고 어느 손의 엄지가 위로 놓였는지 살펴보세요. 그리고 이번에는 다른 엄지가 위로 올라오도록 바꾸어 보세요. 어떤 느낌인가요? 무척 어색하고 잘못된 듯한 느낌을 받을 것입니다. 이럴 경우에는 보통 다시 옛 방식으로 돌아갑니다. 어떤 것을 갑자기 새롭게 바꾼다는 것은 분명히 어려운 일입니다. 그렇다면 지금부터라도 의도적으로 창의적인 생각을 하는 습관을 가진다면 어떨까요?

반성문은 어디에다 쓴다고 생각하나요? 당연히 종이 위에 쓰지 않느냐고요? 이런 고정관념, 즉 그동안 우리는 당연히 반성문을 종이에 써 왔기 때문에 '반성문을 다른 곳에 쓰면 안 되는가?' 라는 단순한 방향 전환조차 쉽게 하지 못합니다. 어떤 전위 작가는 반성문을 종이에 쓰지 않고 사람들로 하여금 자신이 입고 있는 옷에 반성문을 쓰도록 해서 큰 호응을 얻었습니다.

창의성 개발은 고정된 사고를 깨뜨릴 수 있는 용기 있는 자에게 찾아옵니다. 내 아이를 창의적인 아이로 키우고 싶은 부모들은 부모 자신이 먼저 고정관념에서 벗어나길 바랍니다. 부모의 잘못된 고정관념으로 아이의 창의성 개발을 가로막지 마세요.

창의적인 부모가 되기 위한 13가지 방법

　창의성은 우연히 길러지거나 밤새워 공부한다고 갑자기 생겨나는 것은 아닙니다. 어릴 때부터 창의적인 자극을 받고 창의적으로 생활하는 환경 속에서 꾸준하게 노력해야 합니다. 특히 이미 말한 대로 내 아이에게 창의적인 모델 역할을 위해서도 부모가 먼저 창의적인 생활을 통해 창의성을 길러야 합니다. 다음은 여러분이 좀 더 창의적인 부모가 되는 데 힘이 될 방법들입니다.

1. 창의적인 사람과 시간을 보내라

　부부가 오랫동안 함께 살다보면 생각하는 방향이나 가치관도 비슷해질 뿐만 아니라 얼굴까지도 닮는다고 합니다. 많은 시간을 함께 보내면서 상대방의 말투나 행동이 어느새 서로에게 스며들었기 때문일 것입니다.

그렇다면 같은 이치로 창의적인 사람과 시간을 보낸다면 무엇을 배울 수 있을까요? 당연히 그의 창의적인 행동을 닮게 됩니다. 창의적인 행동을 긍정적으로 보면서 마음만 열고 있다면 가능한 일입니다. 창의적인 사람의 행동을 보고, 그의 생활 철학을 듣고, 서로 대화를 나누다 보면 어느새 그의 모습을 자신 속에서 발견하게 될 것입니다.

2. 아이디어가 떠오르면 잊기 전에 적어놓아라

여러분은 어느 때, 어느 장소에서 아이디어가 가장 잘 떠오르시나요? 물론 개인마다 아이디어가 떠오르는 시간과 장소가 다르겠지만 더 중요한 것은 떠오르는 아이디어를 잘 기억해서 활용하기 위해서는 우선 순간적으로 떠오르는 아이디어를 잡을 수 있도록 노트를 한 권 준비하세요.

그리고 언제 어디서나 사용할 수 있도록 항상 가지고 다니세요. 주방과 침실에도 메모지와 연필을 구비해 놓고, 화장실에도 펜을 걸어 놓으세요. 운전 중에 아이디어가 자주 떠오르는 사람들은 자동차에 소형 녹음기를 준비하세요.

3. 많이 웃고 유머 감각을 높여라

웃음은 우리들의 뇌를 알파파로 만들 수 있는 방법 중의 하나입니다. 뇌가 알파파가 될 때 학습에 가장 효율적이며, 창의적 아이디어를 내는 데 도움이 됩니다. 가능한 한 웃을 일을 많이 만들어 보세요.

그리고 창의력 개발을 위해 가끔씩은 만화책도 읽고, TV의 코미디 프로그램도 보세요. 친구와 농담을 즐기는 것 역시 창의력 개발에 도움이 됩니다.

4. 모든 긍정적인 것을 열거해 보라

여러분은 자신을 얼마나 긍정적으로 보고 있나요? 어떤 일을 추진할 때 얼마나 자신감을 가지고 시작하나요? 지금부터 여러분 자신을 잠시 둘러보면서 어떤 좋은 점이 있는지 가능한 한 모든 것을 찾아 열거해 보세요. 금메달을 딸 수 있을 정도의 거창한 능력을 이야기하는 것이 아닙니다.

'나는 다른 사람과 아주 잘 지낸다.'라든지 심지어 '나는 저녁에 코를 골지 않고 얌전하게 잠을 잔다.'라고 해도 괜찮습니다. 자신에 대한 좋은 점을 많이 찾아내면서 자신을 더욱 긍정적으로 바라보는 기회로 삼으세요.

이를 통해 자신감이 생기고 의욕이 넘칠 때 일에 대해 긍정적으로 접근하게 되고 창의적인 능력이 발휘됩니다. 지금 바로 "나는 창의적인 사람이다."라고 최면을 걸어 보세요.

5. 다른 사람들의 비웃음을 극복하라

좋은 생각이 있어도 그것을 다른 사람에게 이야기하면 사람들이 비웃을 것이 걱정되어 머뭇거리거나 포기하지는 않았나요? 단체 생활에서 흔히 있을 수 있는 일입니다. 그러나 실수할까 두려워 자신의 생각을 행동으로 옮기지 못한다면 창의력도 꽃피울 수 없습니다. 우리가 새로운 아이디어를 개발하거나 새로운 행동을 하려고 할 때는 실수나 실패를 할 수도 있습니다.

이 사실을 인정하지 않고 다른 사람들의 비웃음을 두려워해 무사안일을 택

한다면 작은 실패는 피할 수 있겠지만 인생에서 큰 실패자가 된다는 사실을 잊어서는 안 됩니다. 왜냐하면 모험 없이 창조적 성장을 이룩할 수 없기 때문입니다.

6. '사소한' 아이디어에 주의를 기울여라

오늘날 아주 편리하게 사용되고 있는 통조림은 원래 병조림의 단점을 발견하고 이를 무심코 넘기지 않은 영국의 주석 공장 기술자 듀란트에 의해서 만들어졌습니다. 추운 겨울날 그가 점심으로 싸 온 병조림이 너무 차가워 깡통에 덜어서 데워 먹다가 아이디어를 떠올렸습니다.

병 대신 주석 깡통을 사용한다면 깨질 염려도 없고, 추운 겨울에는 아무 데서나 쉽게 다시 끓여 먹을 수도 있을 거라는 생각을 발전시켜 병 대신 주석을 사용한 통조림을 만들어 내게 되었습니다. 아주 작은 것이라도 그냥 넘기지 않고 생산적인 방향으로 주의를 기울여 생각한다면 뜻밖의 좋은 결실을 맺을 수 있습니다.

7. 오른손잡이는 왼손을 사용해 보라

우리 신체의 움직임은 신체 부위의 반대편 뇌에서 관장하고 있습니다. 즉 오른손을 움직이고, 오른발을 사용하며, 오른쪽 귀로 듣는 것 등은 모두 좌뇌의 명령을 받고, 반대로 왼쪽 신체 부위의 움직임은 우뇌의 명령을 받습니다. 좌뇌가 논리적이고 이성적인 것에 관여한다면, 우뇌는 창의적이고 정서적인 것에 관여합니다.

그래서 왼손을 사용한다면 우뇌를 자극하고 활성화시키기 때문에 우뇌를 발달시킬 수 있습니다. 즉 창의력을 증진시킬 수 있습니다. 물론 손만이 아니라 발, 귀, 눈, 코 등도 마찬가지입니다.

따라서 여러분이 만약 오른손잡이라면 평소의 생활 속에서 의식적으로 왼손을 자주 사용해 보세요. 왼손으로 할 수 있는 일은 얼마든지 있습니다.

버스나 전철 안에서 왼손으로 손잡이 잡기, 전화기를 왼손으로 들고 왼쪽 귀로 통화하기, 왼손으로 가스레인지, 전기 스위치 켜기, 왼손으로 찻잔 들고 커피 마시기 등 우뇌를 활성화시키기 위해 좌측의 신체 기관을 이용하는 노력을 지속적으로 기울이다 보면 나도 모르게 창의적이고 정서적으로 안정된 사람으로 변해 가는 것을 느끼게 될 것입니다.

8. 반대편 것을 보는 습관을 가져라

크다와 작다, 위와 아래 등 모든 것에는 음과 양이 있습니다. 어떤 추상적인 개념이나 아이디어도 그것의 반대편에서 상황을 뒤집어서 생각해 보는 유연성의 기회를 가져 보세요. 문제가 쉽게 풀리지 않을 때는 반대편에서 생각해 보세요. 원래의 문제를 거꾸로 또는 안과 밖을 뒤집어서 생각해 볼 때 새로운 아이디어가 떠오르게 될 것입니다.

9. 새로운 관점에서 문제를 보라

자신의 신발을 벗고 다른 사람의 신발을 신어 보세요. 고객의 신발을 신어 보거나 상사의 신발을 신어 보면 어떨까요? 다른 사람들은 무엇을 보고 있는지 이해해 보세요. 그리고 다른 사람들이 어떻게 느끼는지를 직접 느껴 보세요.

여러분의 관점을 새롭게 바꾸어 보세요. 그러면 여러분의 아이디어도 바뀔 것이고 창의력이 커져서 새로운 아이디어도 떠오를 것입니다.

10. 일을 시도해서 성공하지 못하면 잠시 쉬어라

어떤 문제에 봉착했을 때 신선한 해결책을 기대하면서 책상 앞에 꼼짝 않고 붙어 있지만 해결하지 못하고 시간만 보낼 때가 있습니다. 이럴 때에는 계속해서 생각하고 또 생각하느라 에너지와 시간을 소비할 것이 아니라 잠시 휴식을 취하세요.

창의성이 항상 여러분 내부로부터만 나오는 것이 아니라 밖에서도 가능하다는 것을 기억하세요. 경치, 소리, 이상한 물체 등이 의외로 여러분이 그렇게 애타게 찾고 있는 아이디어를 줄 수 있습니다.

문제 해결이 안 될 때 잠시 휴식하면서 환경을 변화시켜 보세요. 어떤 사람은 사무실에서 아이디어가 떠오르지 않을 때 밖으로 나와 탁 트인 강변 길을 산책합니다. 그러고는 말없이 흘러가는 물을 바라다봅니다.

이와 같은 환경의 변화는 그가 찾고 있는 생각에 번뜩이는 아이디어를 제공하기도 합니다. 그런가 하면 어떤 사람들은 아무 생각 없이 TV를 시청합니다. 그래서 지나가는 화면에서 우연히 문제 해결의 실마리를 얻기도 합니다.

11. 아이디어를 자극하는 물건을 비치하라

어떤 특별한 물건은 아이디어 생산에 도움이 됩니다. 예를 들면 여러분 자신의 어릴 때의 사진을 자신이 근무하는 사무실에 비치해 보세요. 어릴 때의 순진한 모습을 보여주는 사진은 창의적 아이디어를 부추길 수 있습니다.

또한 자신의 신념이나 자신이 현재 추진하는 일과 관련된 그림이나 사진을 눈에 잘 띄는 곳에 걸어 놓으세요. 그 그림은 자신에게 동기를 주는 자극제 역할을 할 것입니다. 때로는 내 아이의 장난감도 도움이 됩니다. 아이 같이 순진하고 단순한 마음으로 사물을 대할 때 창의성 발휘가 쉬워질 수도 있습니다. 호기심을 자극하는 장난감이나 신선한 아이디어가 곁들여진 장난감일수록 더욱 좋습니다.

12. 한 번도 해 보지 않은 일을 찾아서 시도해 보라

엉뚱한 행동이 새로운 아이디어를 불러올 수도 있습니다. TV에서 나오는 뉴스나 연속극 대신에 만화영화를 보고, 10년 동안 연락하지 않았던 친구에게 전화도 걸어 보세요.

손님이 찾아올 때만 내놓는 예쁜 찻잔을 꺼내어 커피 한 잔을 마시며 나만의 멋진 시간을 마련하세요. 새로운 자극 속에서 새로운 각도로 사물을 보는 습관이 생깁니다.

13. 일하는 분야와 전혀 관계없는 사람과 대화를 나누어 보라

매일 내가 근무하고 있는 회사 사람들과의 대화는 일반적으로 회사일로 제한될 수밖에 없습니다. 그런 진부한 대화 속에서는 별다른 아이디어 발견을 기대할 수 없습니다. 그렇다면 내가 종사하고 있는 일과 전혀 다른 분야에서 일하고 있는 사람들과 대화 시간을 가져 보세요.

전혀 뜻밖의 귀한 아이디어를 그 사람과의 대화 속에서 찾아낼 수 있는 행운이 있을 수 있습니다. 왜냐하면 대화의 상대방과 출발점이 지금까지와는 전혀 다른 새로운 것이므로 상대방의 대화 속에서 새로운 내용이 함께 숨을 쉬고 있기 때문입니다.

chapter 03

내 아이의
창의성 개발을 위해
먼저 필요한 것들

내적 동기와 외적 동기 테스트

다음은 미국의 심리학자 애머빌이 고안한 것으로, 내 아이의 행동이 내적 동기에 의한 것인지, 외적 동기에 의한 것인지를 알아보는 데 도움이 되는 테스트입니다. 각 항목마다 아이에게 해당된다고 생각하는 것에 V표를 하도록 합니다('이 활동'으로 표시된 것은 아이가 주로 하는 실제 활동 – 예를 들면, 피아노, 글짓기, 태권도, 음식 만들기, 그림 그리기, 종이접기 등 – 을 말합니다).

채점 기준 : ■ 내적 동기   ■ 외적 동기

		예	아니요
1	나는 (이 활동)을 할 수 있게 부모님이 허락하시도록 부모님을 성가시게 한다.	☐	☐
2	내가 (이 활동)을 할 때는 부모님이나 선생님이 여러 가지 좋은 이야기를 해 주실 것이라고 생각한다.	☐	☐
3	내가 (이 활동)을 할 때 정말로 알고자 하는 것을 배우고 있다고 느낀다.	☐	☐

		예	아니요
4	여러 가지 할 일 중에서 하나를 선택하라고 하는 경우에 나는 주로 (이 활동)을 선택한다.	☐	☐
5	내가 (이 활동)을 정말 얼마나 잘하는지를 부모님이나 선생님께서 알아주시기를 원한다.	☐	☐
6	내가 (이 활동)을 하는 것은 정말로 그것에 호기심이 많기 때문이다.	☐	☐
7	나는 장래에 (이 활동)을 통해 많은 돈을 벌고 싶다.	☐	☐
8	나는 (이 활동)을 할 때 다른 사람이 봐주기를 원한다.	☐	☐
9	나는 (이 활동)을 위해 도전을 하면 할수록 더 재미가 있다.	☐	☐
10	내가 (이 활동)을 하는 것은 부모님이나 선생님께서 나에게 그 분야에 소질이 있다고 이야기하기 때문이다.	☐	☐
11	나는 내가 (한 활동)을 돌아보기를 좋아한다.	☐	☐
12	내가 (이 활동)을 하는 이유는 거의 부모님이나 선생님께서 내가 하기를 원하기 때문이다.	☐	☐
13	나는 (이 활동)을 할 때 나 스스로 상황 파악하기를 좋아한다.	☐	☐
14	내가 (이 활동)을 할 때 나는 (이 활동)이 끝난 후 다른 사람들이 어떻게 평가할지에 대하여 생각한다.	☐	☐
15	(이 활동)은 나에게 있어서는 일이라기보다는 즐거운 놀이라고 생각한다.	☐	☐
16	가끔 나는 (이 활동)을 하고 있는 동안 다른 모든 것을 잊어버린다.	☐	☐

		예	아니요
17	만약 내가 하는 일을 다른 사람들이 알지 못한다면 아무런 소용이 없다고 생각한다.	☐	☐
18	내가 (이 활동)을 잘한다고 생각할 때 기분이 아주 좋다.	☐	☐
19	대부분 나는 (이 활동)을 정말로 좋아한다는 느낌 없이 그저 아무 생각 없이 할 뿐이다.	☐	☐
20	나는 (이 활동)을 할 때, 어떻게 할 것인지를 스스로 결정하기를 좋아한다.	☐	☐
21	나는 (이 활동)을 할 때 다른 사람이 어떻게 하라고 나에게 알려 줄 때가 좋다.	☐	☐
22	나는 (이 활동)을 더 이상 못하게 될 때 정말로 실망한다.	☐	☐
23	나는 다른 사람들이 내가 (이 활동)을 잘한다고 나에게 말해 주기 때문에 (이 활동)을 한다.	☐	☐
24	나는 (이 활동)을 하는 것이 무척 재미 있다.	☐	☐
25	나는 (이 활동)이 쉬울 때 그것을 가장 좋아한다.	☐	☐
26	때때로 (이 활동)을 할 때 나는 시간 가는 줄을 모른다.	☐	☐
27	다른 친구보다 (이 활동)을 더 잘한다고 생각할 때 (이 활동)을 즐긴다.	☐	☐

		예	아니요
28	만약 내가 (이 활동)을 할 필요가 없다면 하고 싶지 않다.	☐	☐
29	지금 하고 있는 (이 활동)을 통해 장래에 유명해지기를 바란다.	☐	☐
30	나는 (이 활동)을 할 때 나 자신에 관한 새로운 사실을 발견한다.	☐	☐
31	(이 활동)을 함으로써 상이나 선물 받기를 진심으로 원한다.	☐	☐
32	(이 활동)은 나에게 대단히 중요하다.	☐	☐

내적 동기 :   점   외적 동기 :   점

테스트 결과	아래 채점 기준을 참고하여 그에 따라 배점을 달리합니다. *채점 기준이 '내적 동기' 일 때 : '예'에 V표 했을 때에는 1점, '아니요'에 V표 했을 때에는 0점으로 처리합니다. *채점 기준이 '외적 동기' 일 때 : '예'에 V표 했을 때에는 1점, '아니요'에 V표 했을 때에는 0점으로 처리합니다.
결과 해석	내적 동기 항목에 점수가 더 높으면 그 활동이 흥미 있거나 도전하고 싶은 의욕이나 만족감 등에 의해서 이루어진다고 생각할 수 있고, 만약 외적 동기 항목에 점수가 더 높으면 그 활동이 칭찬이나 보상, 경쟁심 등에 의해서 이루어진다고 생각할 수 있습니다.

창의적 산출물을 위한 필요조건

베스트셀러가 된 소설책, 암을 치료할 수 있는 의약품, 세계의 흥행 기록을 깬 영화 등에서부터 요리사의 참신하고 맛있는 요리, 창의적이고 효과적인 수업, 모래놀이를 더 새롭고 재미있게 하는 방법에 이르기까지 창의적인 산출물이나 창의적 행동이 나오기까지 어떤 것들이 영향을 미치고 또 필요한 요인은 무엇일까요?

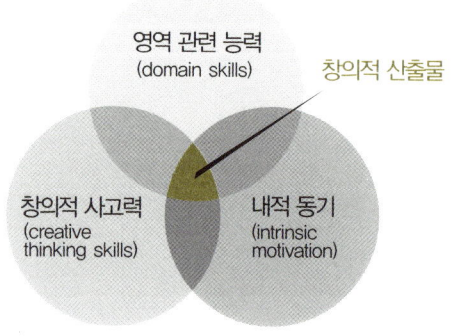

사회심리학자 애머빌(Teresa Amabile)은 3구성요인 모델(three-component model)을 통해 창의적 산출물이나 창의적 행동을 위해 필요한 요소를 설명하고 있습니다.

왼쪽 그림에서 보듯이 이 세 가지 요인은 첫째, 일정한 영역에 소질, 지식, 재주와 같은 영역 관련 능력(domain skills)입니다. 조앤 롤링의 경우를 보면, 그녀가 그렇게 인기 있고 훌륭한 판타지 소설을 쓰기 위해서는 기본적으로 글 쓰는 재주가 있어야 합니다.

둘째는 창의성 관련 능력(creativity-relevant skills)으로, 주요 능력을 더 훌륭하고 효과적이며 창의적인 성취로 만들기 위해 꼭 필요한 요소입니다. 창의적 사고 능력, 즉 새로운 관점에서 보는 능력, 새로운 문제 해결의 길잡이를 찾는 능력이 없으면 창의적인 성취를 할 수 없다는 것입니다. 즉 롤링의 뛰어난 상상력이 바로 창의성 관련 능력입니다.

이와 더불어 마지막 한 가지는 과제 동기(task motivation)입니다. 어떤 일에 창의적인 산출물을 기대하기 위해서는 그 일이 성취되기를 바라는 강한 욕구와 그 일에 흥미, 만족감, 도전과 같은 내적인 동기가 높을 때 실현 가능해집니다. 롤링은 글을 쓰는 일에 무한한 흥미와 가난에서 벗어나야 한다는 강한 욕구가 과제 동기가 된 것입니다. 이러한 모든 특성들이 그녀의 작품을 성공적으로 만들어 낼 수 있었던 기본 요소들입니다.

결론적으로 창의적인 작품이나 창의적인 행동과 같은 실제로 창의적인 결과물을 얻기 위해서는 '일정 영역에 뛰어난 소질', '높은 수준의 창의적 사고 능력' 과 더불어 창의적 결과물을 얻고자 하는 '강한 동기' 가 꼭 필요합니다.

조앤 롤링의 경우, 책을 많이 읽고 글 쓰는 재주가 뛰어나며, 그리고 기발한 아이디어를 창출하는 창의적 사고 능력을 모두 갖추고 있었어도 본인이 어떤 이유에서든 소설을 쓰고 싶은 의욕이나 동기가 없었다면, 오늘날 우리는 《해리 포터》 시리즈를 구경할 수 없었을 것입니다.

일단은 가난에서 벗어나야 하는 환경이 글을 써야 하는 욕구를 갖게 했을 것이며, 어릴 때부터 넘치는 상상력을 표출하고 싶은 마음, 그리고 새로운 이야깃거리가 떠오를 때마다 느끼는 즐거움이 내적 동기가 되었기 때문에 《해리 포터》가 세상에 나올 수 있었던 것입니다.

이와 같은 동기는 대부분 사회적 환경에 영향을 많이 받습니다. 그러나 동기는 일반적으로 쉽게 눈에 띄지 않기 때문에 별로 중요하게 여기지 않는 경향이 있습니다. 하지만 내 아이의 창의성을 높이기 위해 무엇보다도 먼저 창의적인 사고를 할 수 있는 동기를 유발시키는 것이 매우 효과적입니다.

내 아이에게 창의적인 행동을 요구하는 백 번의 말보다 창의성을 발휘할 수 있도록 동기를 유발시켜 주는 것이 훌륭한 부모의 역할입니다.

내 아이는 어떤 영역에 소질이 있나

훌륭한 화가가 되기 위해서는 무엇보다도 그림을 잘 그릴 줄 아는 재주가 필요하고, 유명한 발레리나가 되기 위해서는 남보다 춤에 대한 재주나 소질이 있어야 합니다. 일반적으로 재주나 소질은 어느 정도까지는 타고난다고 말할 수 있습니다. 그러나 부단한 노력과 풍부한 경험에 의해서도 그 정도의 수준으로 끌어올릴 수 있는 것 또한 사실입니다.

이와 같이 창의적인 업적을 남기기 위해서는 우선 어떤 영역에서든지 재주나 뛰어난 솜씨가 필요합니다. 그러나 그 재주가 제대로 발휘되기까지는 거쳐야 할 과정이 있습니다.

아이가 창의적인 그림을 그리기 위해서는 먼저 붓을 잡는 방법에서부터 색을 배합하고 적합한 위치에 제대로 색을 칠할 수 있는 능력이 갖추어져야 합니다. 최첨단의 신형 자동차를 만들기 위해서는 기계의 구조와 원리를 기본적으로 알아야 합니다.

　마찬가지로 조앤 롤링이 창의적인 판타지 소설을 성공적으로 마무리할 수 있기까지는 먼저 그녀는 어릴 때부터 책을 많이 읽으면서 얻은 다양한 글감이나 지식, 정보가 도움이 되었고, 글쓰기에 관련된 전문 지식을 습득하는 과정을 거쳤습니다.

　이미 말씀드렸듯이, 어떤 영역에 매우 창의적이라고 해서 반드시 다른 영역에도 창의적인 것은 아닙니다. 마찬가지로 한 영역에 뛰어난 재주를 보인다고 해서 또 다른 영역에서도 같은 능력을 발휘할 수 있다고는 말할 수 없습니다. 따라서 "우리 아이는 매우 창의적이야." 또는 "우리 아이는 왜 이렇게 창의성이 없는지 몰라."라고 말하는 것은 정확하지 않은 표현입니다. "우리 아이는 그림 그리는 데 특별한 재주가 있어." 또는 "우리 아이는 자기 방을 꾸미는 데 아주 창의적이야."처럼 어떤 면에서 창의적인지 구체적으로 언급해야 옳습니다.

　사실 재주나 소질에 대한 개념을 정확하게 표현하기는 어려우며, 그것에 대한 정의나 측정 또한 쉽지 않습니다. 물론 아주 어린 나이에 한 번 들은 노래를 그대로 피아노로 치는 것과 같이 특별한 재주를 보이는 경우는 쉽고 확실하게 알 수 있습니다. 예를 들어, 바이올리니스트로서 세계적인 명성을 떨치고 있는 장영주 같은 경우, 그녀에게는 분명히 재주가 있었던 것입니다.

　영주는 통상 한 권 공부에 2~6개월 걸리는 《스즈키 교본》을 몇 주 또는 며칠 만에 해치우는 경우가 많았다.

4살의 영주는 연습곡이 너무 단조롭다고 생각되면 장조의 곡을 단조로 바꿔가며 연주해서 아빠의 귀를 의심케 했다.

영주가 바이올린 공부 시작 후 몇 달이 지나 각 줄에서 어떤 음정이 나는지를 겨우 배우고 있을 때였다. 하루는 아빠 장씨가 친구들을 아파트로 데려와 고난도 기교곡으로 유명한 멘델스존 '트리오'를 연주했다. 친구들이 떠나자 영주는 아빠가 하던 바이올린 선율을 연주하기 시작했다. 엄마 아빠는 이 순간의 충격을 잊을 수 없다.

- 〈문화일보〉 기사 발췌

분명한 것은 장영주의 부모가 그녀를 위해 특별한 훈련과 경험을 갖도록 하지 않았다면 그녀의 재주도 빛을 발할 수 없었다는 것입니다. 그러나 모든 아이에게 그녀와 같은 경험이나 훈련을 시켰다고 해서 그녀만큼 훌륭하게 될 수는 없다는 것 또한 사실입니다. 그리고 그녀가 갖고 있는 재주에 훈련이 더 해졌을 때 성공할 수 있었다는 것은 의심의 여지가 없습니다.

장영주가 보여주는 재주는 혜성과 같이 아주 특별한 것입니다. 그러나 부모로서 중요하게 기억해야 할 사실은 거의 모든 아이가 한 가지 이상의 어떤 영역에 어느 정도의 재주가 있다는 것입니다. 이러한 아이의 재주나 뛰어난 소질이 훌륭한 교육과 풍부한 경험을 통하여 창의적으로 개발될 때 그 분야에 성공적인 인물이 될 수 있습니다. 따라서 부모로서 먼저 해야 할 일은 아이의 재주나 특별히 뛰어난 솜씨가 어느 분야인지를 찾아주고 개발해 주는 일입니다.

외적 동기와 내적 동기

제가 초등학교에 다닐 때에는 항상 숙제 검사 후에 선생님께서 숙제 완성도에 따라 빨간 색연필로 동그라미를 그려 주셨습니다. 다섯 개의 동그라미를 바라보며 얼마나 흐뭇했는지 모릅니다. 그 다음 날도 다섯 개의 동그라미를 받기 위해 정성껏 숙제를 하였습니다.

'참 잘했어요'에 해당하는 다섯 개의 동그라미는 칭찬의 의미로 주는 일종의 보상입니다. 그 보상은 다음의 행동을 잘하도록 하는 유인물인 셈이지요. 이러한 보상이 바로 외적 동기입니다.

외적 동기는 일을 하는 이유가 외부로부터 옵니다. 일하는 목적이 그 자체의 활동을 즐기거나 자신이 그 일에 대한 흥미를 갖기 때문이 아닌 다른 목적 — 예를 들면, 돈을 벌기 위해, 상을 탈 목적으로, 유명해지기 위해, 벌을 피하기 위해, 다른 사람으로부터 인정받기 위해, 만족스런 점수를 얻기 위해 —

인 경우에는 외적 동기에 해당합니다.

반대로 내적 동기 유발은 새로운 행동의 이유가 바로 자신으로부터 우러나오는 것입니다. 외적 동기로 어떤 일을 실행하는 것은 내적 동기에 따라 그 일을 하는 것보다 지속성이 떨어지고 성취 면에서도 약합니다. 어떤 일에 대한 호기심, 개인적 흥미, 만족감, 개인적 도전 등과 같은 내부에서 오는 내적 동기가 창의적인 사고나 창의적인 행동, 창의적 산출물을 위한 주요 원동력인 셈입니다.

윔블던 테니스 대회(All England Tennis Championship) 여자 우승자 비너스 윌리엄스(Venus Williams)에 관한 기사를 본 적이 있습니다. 그녀의 아빠는 두 딸, 비너스와 세레나(Serena Williams)를 테니스 스타로 만들기 위해 아주 어릴 때부터 철저하게 교육시켰습니다. 경제적으로 넉넉하지 않았던 그는 딸들을 빈민가 아스팔트에서 네트 대신 쇠줄을 걸어 놓고 공을 넘기며 연습시켰습니다. 그는 독학으로 딸들을 길러냈습니다.

테니스에 대한 이러한 교육 외에 그가 딸들의 성공을 위해 한 또 하나의 일이 있습니다. 언니 비너스가 7살, 동생 세레나가 5살 때 그는 두 딸의 손을 잡고 그 당시 여자 테니스 스타 크리스 에버트(Christine Evert)의 집을 찾았습니다. 그녀에게는 생면부지인 두 흑인 딸을 소개하고 에버트가 윔블던 테니스 대회에서 받은 트로피를 구경시켜 줄 것을 요청했습니다.

에버트의 폭 넓은 배려로 두 자매는 에버트의 윔블던 트로피를 들고 기념사진을 찍고 돌아왔습니다. 에버트의 회고에 따르면 그 당시 비너스는 윔블던에서, 세레나는 US 오픈에서 우승하고 싶다고 했었답니다.

어릴 때 그들의 꿈이 마침내 결실을 맺었습니다. 우연인지 모르지만 동생 세레나는 US 오픈에서 우승했고, 언니 비너스는 윔블던 대회에서 우승했습니다. 에버트의 집에서 이야기한 희망이 그대로 이루어진 것입니다. 그들은 트로피를 들고 에버트와 함께 찍은 사진을 보면서 그들의 꿈을 성장시켰을 것입니다.

비너스와 세레나의 아빠는 아이들에게 목표 의식을 심어주기 위해 에버트의 집을 찾았던 것입니다. 말하자면 아이들이 꿈을 펼칠 수 있는 기반을 다질 수 있도록 기회를 마련해 준 것이지요. 하루의 훈련보다 한 순간의 감동적인 경험은 그들의 성취에 보이지 않게 끊임없이 작용했을 것입니다.

이와 같이 내 아이를 위해 어떻게 동기 유발의 기회를 만들어 줄지를 생각하는 지혜가 모든 부모에게 필요합니다. 즉 윌리엄스 자매의 아빠는 딸들이 스스로 훌륭한 테니스 선수가 되겠다는 결심을 할 수 있는 내적 동기 유발을 시켜 준 것입니다.

사람들은 어떤 일 자체에 흥미가 있을 때, 즐거울 때, 도전하고 싶을 때, 만족스러울 때, 그리고 외적인 압력이 없을 때 가장 창의적이 됩니다. 따라서 내 아이의 창의적인 행동을 유도하기 위해서 부모가 원하는 일을 무조건 하도록 강요해서는 효과가 없습니다.

일 자체를 아이가 스스로 원해서, 즐거운 마음으로 실행할 때 창의적인 행동이 가능한 것입니다. 따라서 부모는 아이가 그 일에 호기심을 갖고 즐거운 마음으로 일하도록 분위기를 조성해 주는 것이 창의적인 행동을 할 수 있도록 도와주는 지름길입니다.

한국 사격의 간판스타였던 이은철 선수의 엄마는 그에게 어떤 일을 하도록 하기 위해 억지의 강요나 잔소리를 하는 대신 그가 그 일에 호기심을 갖도록 해 주는 것을 모든 일의 우선으로 생각했습니다. 그에게 사격에 관련한 비디오를 보게 하기 위해 어느 날 그가 외출에서 돌아올 시간에 맞추어 테이프를 그의 손에 쉽게 닿을 수 있는 곳에 놓았습니다. 무엇인가 궁금히 여겨 자연스럽게 볼 수 있도록 해 준 것입니다.

미국의 유력 축구 전문지 〈사커 아메리카(Soccer America)〉에서 한국 여자 축구의 주축이 된 지소연 선수에 대해 집중 조명한 적이 있습니다. 지소연 선수의 아빠는 어려운 가정 형편 속에서도 딸의 축구 실력을 일찍이 알아차리고 초등학교 2학년 때부터 남자 아이들 틈에 끼어 축구를 하게 하였습니다. 그래서 이렇게 축구에 대한 동기를 유발시킨 노력이 오늘날 남자 선수 못지않은 기량을 가진 훌륭한 지소연 선수를 만들었다는 사실을 강조하고 있습니다.

이스라엘의 아이들은 초등학교에 입학하는 첫날, 손가락에 꿀을 묻혀 스물네 자 알파벳을 씁니다. 배움이 꿀처럼 '달고 맛있는 것'임을 아이들에게 심어주기 위해 딱딱한 분필 대신 꿀을 사용하는 것입니다. 이것이 바로 공부를 즐겁게, 스스로 하는 마음을 키우기 위한 내적 동기 유발 방법인 것입니다.

내 아이는 내적 동기가 유발되어 있나

어떤 일을 하기 위해 내 아이가 내적으로 동기화가 되었는지 어떻게 알 수 있을까요? 다른 사람들이 내적으로 동기 유발되었다는 것은 과연 어떤 것을 말하는 것일까요? 내적 동기 유발이 된 사람들은 어떻게 말하고 어떤 행동을 할까요? 어린 시절에는 내적 동기 유발이 어떻게 나타날까요?

보통 부모가 어떤 공식적인 방법으로 내 아이의 내적 동기를 알아보는 일에 익숙하지 못하므로 아이의 내적 관심도를 알아보는 일은 쉽지 않습니다. 그렇기 때문에 내 아이의 내적 동기 유발이 되어 있는지를 알기 위해서 우선 부모가 할 일은 아이를 주의해서 살펴보는 것입니다.

내 아이가 누구의 도움 없이 혼자서 무엇이든지 하도록 상관하지 않고 있을 때 어떤 일에 자연스럽게 관심을 갖고 스스로 하는 활동이 있을 것입니다.

어떤 아이는 피아노를 쾅쾅 울려 대는가 하면, 어떤 아이는 책이 잔뜩 쌓여 있는 곳으로 가서 책들을 쓰러뜨려 놓고 되는대로 펼쳐져 있는 책 중에서 아무거나 한 권을 잡고 읽는 흉내를 내기도 하고, 또 다른 아이는 크레파스와 종이를 가지고 하루에도 몇십 장씩 그림을 그려 대기도 합니다. 그런가 하면 어떤 아이는 밖에서 곤충을 관찰하기도 합니다.

내적 동기란 어떤 별난 것이 아닙니다. 그것은 단지 아이의 기본 관심의 증거일 뿐이고 매일의 일상생활에서 자연스럽게 표현되고 있는 개별적이고 특징적인 일상입니다.

좀 더 구체적으로 사람들의 어떤 활동과 행동에 내적 동기의 특징들이 나타나는지 살펴보도록 하죠. 작가, 과학자, 운동선수, 음악가, 화가 등등 어느 분야에서든 성공한 사람들과의 인터뷰에서 공통적으로 발견되는 것은 첫째, 그들이 성공하기까지는 바로 그 일에 대한 무한한 '사랑'을 지녔다는 것입니다. 그들은 자신들의 일에 우선순위를 두고 그 어느 것보다 관심을 보내고 열심을 다하면서 많은 시간을 투자하는데, 이것은 그들이 하는 일에 대한 사랑에서 오는 것입니다.

구태여 어떤 직업적인 성공이 아닐지라도 자기가 맡은 작은 일에 열정과 사랑을 가질 때 그 일에 최선을 다하게 되고 좋은 성과를 가져올 확률이 큽니다. 그렇지만 이러한 열의는 그 일에 내적 동기화가 되었을 때 가능하다는 사실을 명심해야 합니다.

글을 쓰는 일에 내가 그렇게 열심을 다할 수 있는 것은 그것이 나에게는 일이 아니기 때문이다. 일이란 나에게 즐거움이다. 나는 꽤 비정상적으로 일을 할 경우도 있다. 나는 한번에 4~5시간씩 일을 하기도 하고 한밤중에도 일어나서 글을 쓰기도 한다. 나는 글을 쓰는 이 일을 무척 사랑하고 있다.

한 유명 작가의 말입니다. 글쓰기에 대한 사랑은 다른 작가들도 마찬가지일 것입니다. 그들의 일에 대한 즐거움은 무슨 대가를 바라는 것이 아닙니다. 내적으로 동기가 일어나서 행동을 할 때는 그들은 일 자체를 사랑합니다.

둘째, 사랑의 한 측면으로 내적 동기화가 된 사람들의 경우는 자신들이 사랑하는 일을 추구하기 위해 절대적인 '헌신'을 합니다. 성공한 과학자의 경우에 그는 재주꾼은 아니지만 호기심에 매료된 사람입니다. 끝없는 호기심을 통해 그는 자신에게 필요한 답을 찾아냅니다.

그러는 동안 그는 사랑하는 일을 위해 자신의 시간을 전부 투자하고, 무한한 노력과 자기 훈련, 끝없는 집착력 등 가능한 한 모든 것을 다 바쳐 헌신합니다.

이러한 헌신이야말로 내적 동기의 또 다른 모습입니다. 어떤 과학자는 풀릴 듯 말 듯한 문제에 매달려 실험실에서 떠나지도 못하고 먹는 것도 잊은 채 밤을 꼬박 지새우는 일이 종종 있습니다. 때때로 그는 보통 사람들이 생각하는 도를 넘어서 자신의 사생활을 희생하며 일 자체에 '헌신적인' 행동을 보일 때도 있습니다.

셋째, 내적 동기의 경험은 '일과 놀이의 조화'입니다. 내적 동기에 의해 일을 실행하는 사람들은 일을 하는 동안 즐거움을 느낍니다. 일 자체를 힘들다고 여기지 않습니다. 그들은 일하는 동안을 마치 재미있는 놀이를 하고 있다고 여깁니다. 즉 놀이를 하면서 일을 달성해 내는 것입니다. 항상 놀이와 일을 함께 느낍니다.

작가는 글 쓰는 일을 더 잘하면 할수록 더 즐거운 놀이를 하고 있다고 여깁니다. 화가가 그림을 그리는 일도, 과학자가 실험의 결과를 찾는 일도 마찬가지입니다.

그들은 일하는 자체를 즐깁니다. 우리의 인생에서 우리가 원하는 일을 할 수 있다는 것은 참으로 신비한 것입니다. 자신들이 하는 일 자체가 인생을 의미 있고 행복하게 만들어 줍니다. 이것은 일을 놀이라고 여기는 데서 오는 것입니다.

마지막으로 내적 동기의 다른 측면은 '그 활동 자체에만 열중' 하는 것입니다. 내적 동기에 의해 일을 수행하는 사람들은 다른 어떤 요소도 생각하지 않고 그 일 자체에만 관심을 갖습니다.

예를 들어, 작가라면 그들은 글을 쓰는 동안 경제적인 어려움 같은 것을 전혀 생각하지 않습니다. 그 작품이 돈을 많이 벌게 해 줄 것인지, 유명한 작가로 만드는 기회가 될 것인지는 별로 신경 쓰지 않습니다.

그들은 원래의 일 외의 다른 일에 신경 쓰는 것은 재앙이라고까지 생각합니다. 책의 내용을 어떻게 구성할 것인지에 대해서만 생각합니다. 때로는 그것에 미쳤다고 여겨질 정도입니다. 글을 쓰는 동안은 오직 글의 내용만을 생각합니다.

이와 같은 현상은 아이에게서도 마찬가지입니다. 하기 싫은 공부를 부모의 강요에 의해서 어쩔 수 없이 할 때나, 선생님의 꾸지람을 피하기 위해 억지로 숙제를 하고 있는 아이의 표정과 태도를 보세요. 공부에 열중하기보다는 더럽지도 않은 책상을 열심히 닦거나, 필요 없는 연필을 모두 깎아 놓기도 하고, 화장실을 보통 때보다 더 자주 들락거리는 등 도대체 즐거운 표정은 찾을 길이 없습니다. 심한 경우, 일그러진 얼굴로 책상에 앉아 있는 내 아이의 모습 때문에 부모의 마음까지도 일그러진 경험이 있을 것입니다.

반면에 아이 자신이 무엇인가를 스스로 원해서 하고 있을 때의 모습을 보세요. 진지한 표정이 자못 엄숙하기까지 합니다. 그 일이 컴퓨터 게임이든지, 퍼즐을 맞추는 일이든지 간에 그들은 누가 옆에서 불러도 못 알아듣고, 밥 먹는 것조차 잊은 채 열중합니다. 그들은 그 일을 시간 가는 줄 모르고 즐기고 있습니다. 그들은 그 일을 사랑하고, 따라서 그 일을 하는 데 시간, 돈, 노력을 아끼지 않고 투자합니다.

자신이 좋아하는 일, 스스로 원해서 하는 일에서 성취감을 맛볼 수 있으며, 그런 성취감을 얻는 과정 속에서 진정한 창의적인 결과가 나오는 것입니다. 많은 실험 결과가 보여주듯 자신의 관심과 즐거움이 수반되어 일을 할 때, 즉 내적 동기화에 의해 일을 할 때가 타인에 의해 또는 외적인 목적에 의해 실행될 때보다 훨씬 창의력이 발휘됨을 알 수 있습니다.

chapter 04

내 아이의
창의성 키우기
& 죽이기

창의적인 환경을 위한 테스트

다음은 미국의 심리학자 애머빌이 고안한 테스트로, 내 아이를 위한 창의적인 환경이 얼마나 잘 조성되어 있는지를 알아보는 것입니다. 각 항목마다 아이가 생각하는 것에 V표를 하도록 합니다(정답은 없으니 아이가 생각하는 대로 솔직하게 답하도록 합니다).

		예	아니요
1	집에서는 어떤 질문을 해도 바보 취급을 받을 염려가 없다.	☐	☐
2	뭔가를 해내기 위해 여러 가지를 선택할 수 있다.	☐	☐
3	뭔가를 잘해 내면 어떤 이득이 있을지 대개는 알고 있다.	☐	☐
4	집에서는 지켜야 할 것들이 많다.	☐	☐
5	대부분의 상황에서 내 생각이 어떤지를 부모님이 물어보신다.	☐	☐
6	집에서는 변화가 별로 없다.	☐	☐
7	새로운 것을 시작할 때는 미리 허락을 받아야 한다.	☐	☐

		예	아니요
8	부모님은 내가 어떤 말을 해야 하는지에 대해 신경을 많이 쓰신다.	☐	☐
9	집에서 가장 중요한 것은 최고가 되는 것이다.	☐	☐
10	부모님은 내가 창의적인 사람이 되도록 격려해 주신다.	☐	☐
11	내가 어떻게 행동해야 할지를 일러주신다.	☐	☐
12	부모님은 보통 내가 하는 일과 일하는 방식에 주의를 기울이신다.	☐	☐
13	부모님은 내가 스스로 이해하도록 격려해 주신다.	☐	☐
14	집에서는 경쟁할 것이 많다.	☐	☐
15	내가 하려는 것에 대해 발언권을 많이 갖는다.	☐	☐
16	대부분의 규칙들에 대해 왜 지켜야 하는지 이유를 알고 있다.	☐	☐
17	내가 하는 일은 간섭받지 않는다.	☐	☐
18	중요한 결정을 할 때 내 의견이 반영된다.	☐	☐
19	부모님은 뭔가를 시키고 싶으실 때 내가 좋아하는 것을 주신다.	☐	☐
20	부모님은 창의적으로 일하고자 하신다.	☐	☐
21	실수를 하면 벌을 받는다.	☐	☐
22	부모님은 뭐든지 아주 즐겁게 하신다.	☐	☐
23	부모님은 나를 느긋하게 대하신다.	☐	☐
24	집에서는 조용히 해야 한다.	☐	☐
25	부모님은 새로운 방법을 생각해 내도록 격려해 주신다.	☐	☐
26	집에서 일하는 것이 재미있다.	☐	☐

	예	아니요
27 내가 하는 일들은 대부분 부모님을 기쁘게 해 드리기 위한 것이다.	☐	☐
28 집안 어른들은 각자 특이하고 재미있다.	☐	☐
29 부모님은 나를 부끄럽게 생각하신다.	☐	☐
30 부모님은 내가 질문을 많이 하는 것을 아주 좋아하신다.	☐	☐
31 일을 잘 해야 한다는 부담감이 크다.	☐	☐
32 깨끗하게 하는 것이 집에서 지켜야 할 가장 중요한 규칙 중 하나이다.	☐	☐
33 나는 집에서 자유롭게 행동할 수 있다.	☐	☐
34 부모님은 나를 아주 좋아하신다.	☐	☐
35 부모님은 내가 좋은 성적을 얻는 것을 중요하게 생각하신다.	☐	☐
36 집에는 농담과 웃음이 넘친다.	☐	☐
37 부모님은 나를 존중하신다.	☐	☐
38 내가 느끼는 대로 부모님에게 말씀드려도 괜찮다.	☐	☐
39 부모님은 내가 무엇에 흥미를 가지는지 알고 싶어 하신다.	☐	☐
40 부모님은 항상 새로운 것을 시도하신다.	☐	☐
41 우리 부모님이 항상 옳다고 배웠다.	☐	☐
42 집에서는 재미있는 것들을 많이 볼 수 있다.	☐	☐
43 부모님은 나의 활동에 대해 세부 사항들을 계획해 두신다.	☐	☐
44 나는 집에서 특별한 느낌을 갖는다.	☐	☐

		예	아니요
45	부모님은 항상 새로운 활동을 제안하신다.	☐	☐
46	'나 자신의 일'을 자유롭게 할 수 있다.	☐	☐
47	집에서 하는 일들은 맛있는 것, 돈 등을 받기 위한 것이다.	☐	☐
48	부모님은 나 혼자서 또는 친구들과 함께 놀 때 상상력을 이용하도록 격려하신다.	☐	☐
49	나는 집에서 비판을 많이 받는다.	☐	☐
50	부모님은 나와 함께 있는 것을 좋아하신다.	☐	☐

창의적인 환경 테스트 결과

1. 예	2. 예	3. 아니요	4. 아니요	5. 예
6. 아니요	7. 아니요	8. 예	9. 아니요	10. 예
11. 아니요	12. 아니요	13. 예	14. 아니요	15. 예
16. 예	17. 예	18. 예	19. 아니요	20. 예
21. 아니요	22. 예	23. 예	24. 아니요	25. 예
26. 예	27. 아니요	28. 예	29. 아니요	30. 예
31. 아니요	32. 아니요	33. 예	34. 예	35. 아니요
36. 예	37. 예	38. 예	39. 예	40. 예
41. 아니요	42. 예	43. 아니요	44. 예	45. 예
46. 예	47. 아니요	48. 예	49. 아니요	50. 예

결과 해석

대답한 내용이 각 문항에 해당하는 결과와 일치할수록 창의성을 북돋아 주는 환경이라고 말할 수 있습니다. 그 반면에 일치하는 것이 적을수록 환경이 개선되어야 함을 암시합니다.

창의적 행동을 위한 분위기가 갖추어져 있나

"어이, 김영수, 여기 이 한병태와 자리 바꿔."

석대가 그 자리에 앉았던 아이에게 그렇게 말하자 그 아이는 두말없이 책가방을 챙겼다. 그 아이의 철저한 복종이 다시 묘한 힘으로 나를 몰아, 잠시 머뭇거린 것으로 저항에 갈음하고 나도 자리를 옮겼다.

(중략)

그날 내가 다시 그 새로운 환경과 질서에 대해 다시 곰곰이 생각하기 시작한 것은 수업이 끝나고 집으로 돌아온 뒤였다. 학교에서는 내가 갑자기 던져지게 된 그 환경의 지나친 생소함에서 온 어떤 정신적인 마비와, 또한 갑자기 나를 억눌러 오는 그 질서의 강력함이 주는 위압감이, 내 머릿속을 온통 짙은 안개 같은 것으로 채워 몽롱하게 만들어 버린 탓에 아무것도 생각할 수가 없었던 것이다.

― 《우리들의 일그러진 영웅》 중에서

위에 나타난 장면을 한번 생각해 보세요. 자신의 생각을 마음껏 펼칠 수 있는 상황이 절대 아닙니다. 새로운 환경에서 오는 불안감, 질서와 복종을 강조하는 위압적인 학교 분위기는 신선한 생각을 불가능하게 할 뿐만 아니라 생각을 마비시킵니다. 개인에게 창의적인 행동을 할 수 있는 모든 요소가 갖추어져 있어도 만약 분위기가 편안하거나 자연스럽지 않고 억압적이라면 창의성 발휘가 쉽지 않습니다.

엄격한 규율과 질서의 강조, 그리고 자유를 빼앗은 일제강점기에는 창의적인 활동이 저조했습니다. 또한 공산주의 국가는 민주주의 국가보다 창의력이 훨씬 뒤떨어집니다. 그런가 하면 중세 암흑시대에는 종교철학 분야를 제외하고는 위대한 발전이 없었습니다. 이와 같이 사회적인 분위기가 억압적이고 강제적인 곳에서는 높은 창의성이 발휘될 수 없습니다.

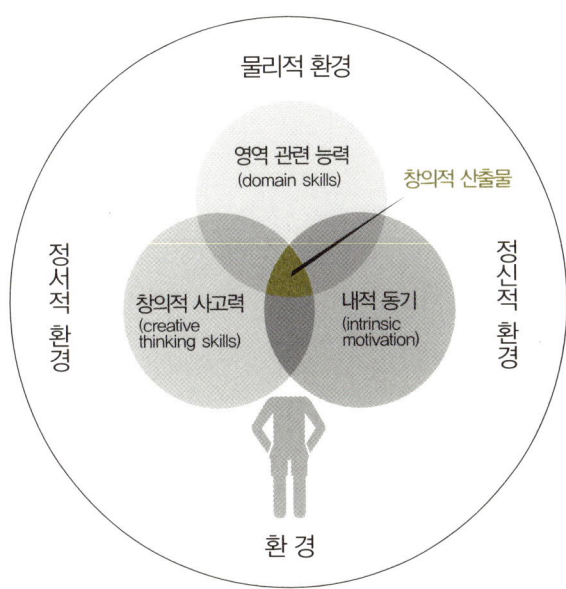

즉 개인이 앞에서 제시한 세 가지 영역-영역 관련 능력, 창의적 사고력, 내적 동기-에서 뛰어난 작품이나 행동을 할 수 있는 조건이 갖추어져 있다 하더라도 그 개인이 속해 있는 가정, 학교, 사회, 국가 또는 시대적 배경 등이 그와 같은 산출물이나 행동에 방해되거나 환영하지 않는 분위기 속에서는 제대로 발현될 수 없습니다.

앞 그림에서 보듯이 개인과 관련해서 본다면 얼마나 창의성을 자극하는 풍부한 자료나 공간이 구성되었는지의 물리적 환경, 개인의 학습 양식이나 흥미를 얼마만큼이나 고려하는지의 정신적 환경, 그리고 신뢰와 안정된 분위기가 얼마나 조성되어 있는지의 정서적 환경이 창의적 산출물이나 창의적 행동에 영향을 미칩니다.

예를 들면, 백남준의 비디오 아트가 성공한 사례를 살펴보세요. 그는 기본적으로 미술과 음악에 뛰어난 재주가 있었습니다. 그는 자신이 이루어내려는 그 분야의 영역 관련 능력이 충분했습니다. 그 다음, 독특한 아이디어로 남들이 생각하지 못한 소재를 이용하여 새로운 것을 만들어내는 창의적 사고 능력이 뛰어났습니다.

또한 그 일을 이루고자 하는 의지와 내적인 동기가 강했습니다. 이와 같이 백남준은 개인적으로 창의적인 산출물을 기대할 수 있는 모든 조건을 갖추고 있었습니다. 그러나 만약 오늘날의 사회가 그의 작품을 '뭐 그따위 잡동사니가 다 있어.' 라는 식의 반응으로 진가를 인정하지 않았다면 결코 성공할 수 없었을 것입니다.

또 그가 비디오 아트와 같은 새로운 분야의 일을 할 수 있는 경제적인 뒷받

침과 여러 가지 여건이 마련되지 않았어도 그의 꿈은 좌절되었을 것입니다. 그가 병마와 싸울 때 그를 물질적, 정신적으로 도와준 여러 사람들이 있었기에 재기가 가능했습니다. 그의 뛰어난 능력과 그를 둘러싼 그의 환경이 오늘날 훌륭한 창의적 작품을 내놓게 된 것입니다. 그 결과, 그가 이 세상을 떠난 후에도 그의 예술성이 인정받고 있는 것입니다.

이는 꾸지람만 듣고 자란 아이, 항상 주눅 들어 있는 아이, 엄격한 부모 밑에서 자란 아이가 보편적으로 창의력이 떨어지는 경향이 있다는 사실에서도 잘 알 수 있습니다. 따라서 창의적인 생각과 행동은 나비처럼 자유롭게 훨훨 날갯짓을 하며 상상의 공간을 날아다닐 수 있는 분위기에서 쉽게 나올 수 있음을 뒷받침해 줍니다.

자유롭게 행동할 수 있는
분위기를 만들어 주어라

"민지야, 너 그래 가지고 무슨 공부가 되니? 도대체 애가 공부를 하는 건지 노는 건지 모르겠어."

민지 귀에는 MP3의 이어폰이, 입에는 끊이지 않고 계속 오물거리는 팝콘이, 손에는 습관처럼 계속 돌리고 있는 연필이 있으며, 이에 어우러져 다리는 음악에 맞춰 계속 흔들고 있습니다. 엄마는 이런 상태로 눈을 책 위에 두고 있는 아이를 향해 짜증 섞인 잔소리를 계속합니다.

"너 약속 잊었니? 공부할 때는 사용하지 않기로 하고 사 줬잖아. 한 번만 더 MP3 갖고 공부하면 아주 빼앗을 거야. 엄마가 분명히 말해 두는데 이건 규칙이야. 절대 어기지 마."

민지에게 또 하나의 지켜야 할 규칙이 부가되었습니다.

과연 내 아이에게는 몇 가지의 행동 규칙을 주었나요? 그 규칙들은 어떠한 것들인지, 그리고 그것들이 과연 내 아이의 행동과 사고에 어떤 영향을 미치는지 한번 생각해 보셨나요?

__ 엄마 아빠 말은 무조건 들어야 한다.

__ 방은 항상 깨끗이 정돈되어 있어야 한다.

__ 밥 먹을 때는 절대로 떠들어서는 안 된다.

__ 9시에는 꼭 자야 한다.

__ 어린이 프로그램 외에는 절대로 텔레비전을 보면 안 된다.

__ 숙제를 끝내기 전에는 친구와 놀 수 없다.

__ 장난감을 한 번에 한 가지씩만 가지고 놀아야 한다.

__ 우리집이 아닌 다른 집에서는 밥을 먹어서는 안 된다.

"너, 엄마가 말하는 것은 무조건 들어야 해."라는 권위주의적인 규칙을 강조하고, 만약 그렇게 실천하지 못했을 경우에는 꾸지람을 듣는 분위기에서 자라난 아이는 어떤 것을 배우게 될까요? 이런 일이 반복되는 동안 아이는 그저 엄마가 시키는 대로 하는 것이 꾸중도 면하고 제일 편하다는 것만을 터득하게 됩니다.

따라서 순종하는 것만이 최선의 길이라는 것을 알게 되므로 그 아이는 스스로 생각하는 힘을 잃게 되죠. 결국 그 아이의 사고는 녹이 슬게 될 것입니다. 스스로 생각할 줄 모르는 아이에게서 어떻게 새로운 생각을 해야 하는 창의력을 기대할 수 있을까요?

창의적인 아이의 가정과 그렇지 못한 아이의 가정을 비교한 결과, 창의적이지 못한 아이의 부모가 아이의 행동을 제한하기 위한 규칙들을 창의적인 아이의 부모보다 더 많이 갖고 있었습니다.

여러 연구 결과에 따르면 창의적인 가정의 부모는 아이를 위한 구체적인 규칙이 1가지 이하였으나, 창의적이지 못한 가정에서는 평균 6가지 이상의 규칙을 갖고 있었습니다.

또한 내 아이에게 많은 자유를 주어야 한다고 생각하는 부모일수록 아이의 창의성이 높은 것으로 나타납니다. 그들은 권위적이지도 않고, 아이를 끊임없이 통제하지도 않으며, 아이의 행동을 아주 엄격하게 제한하지도 않았습니다. 더구나 그들은 아이의 어떤 행동에도 불안해 하지 않고, 아이들의 모험적인 시도에도 크게 걱정하지도 않으며 아이를 믿고 자유스럽게 행동하도록 아이의 행동반경을 넓혀 주는 경향이 있었습니다.

그렇다고 창의적인 아이의 부모가 모든 일에 관대하고 너그럽다는 뜻은 아닙니다. 그 부모들은 아이에게 '손님 앞에서는 절대 큰소리를 내지 말아야 하고, 식사 도중에는 밥을 한 톨이라도 흘려서는 안 돼.'라는 등의 구체적이고 세밀한 규칙이 아니라 옳고 그름에 대한 분명한 가치 기준을 제공하고, 그 가치에 대한 몇 가지 예를 보여주면서 어떤 행동이 그 가치를 지키는 것인지 아이로 하여금 스스로 결정하도록 격려합니다.

그런 다음 그 부모들은 아이가 독립적이고 책임감 있게 행동하기를 기대합니다. 여기에서 중요한 사실은 창의적인 가족 대부분의 부모들은 놀랍게도 아이 훈육에 거의 문제가 없었다는 것입니다.

아이에게 여러 가지 규칙을 세워 놓고 그 틀 안에서만 행동하도록 강요하는 것은 그들을 자유로운 사고의 세계에서 활동하지 못하도록 꽁꽁 묶어 놓는 셈입니다. 자기 나름대로의 세계를 마음껏 즐길 수 있을 때 아이의 창의력도 날개를 펼 수 있습니다.

부모의 기준에 맞추어 아이의 행동을 규제하기보다는 아이의 입장이 되어 다시 생각해 보세요. 언제나 편안한 마음으로 자신의 생각을 이야기하고 행동할 수 있는 분위기 속에서 창의력의 꽃은 피어날 수 있습니다. 자유스럽게 행동할 수 있는 분위기, 이것이 바로 창의력으로 향하는 제1의 조건입니다.

실수를 인정하는 분위기를 만들어 주어라

"현우야! 너 또 일 저질렀구나. 도대체 어쩌려고 매일 말썽만 피우니? 이러다가는 살림살이가 남아나는 것이 없겠다. 너 이 게임기가 얼마짜리인지 알기나 해?"

엄마의 야단치는 소리는 끝이 없습니다. 며칠 전 너무나 갖고 싶다는 아이의 성화에, 사실 무리인 줄 알면서 사 준 비싼 게임기였습니다. 그런데 아이가 거기에 물을 부은 것입니다. 엄마의 야단에 풀이 죽은 현우는 고개만 숙이고 말을 못합니다.

그런데 옆에서 보고 있던 아빠가 왜 게임기에 물을 부었는지를 묻자, 기어들어 가는 목소리로 "물을 부어 보면 게임기 화면의 사람들이 수영을 할 수 있는지, 그리고 그림이 어떻게 변하는지를 알아보려고 그랬어요."라고 대답하는 것입니다.

"너 바보니? 변하기는 뭘 변해? 수영? 수영 같은 소리하고 있네! 물을 부으면 기계가 고장이 나지. 네가 지금 한두 살 먹은 어린애니? 한 번만 더 이런 짓 하면 다시는 게임기든 뭐든 아무것도 안 사 줘! 알았지?"라고 다시 한 번 아이의 잘못에 쐐기를 박는 말을 할 것인가요 아니면 "그래, 물을 부어 보니 어떻게 변했니? 화면에 그림도 보이지 않고 기계가 작동하지 않는 것을 보았지? 그러면 다음부터는 어떻게 해야 되겠다고 생각하니?"라고 어떤 일이 생겼는지를 알려주고, 실수를 통해 배운 것이 무엇인지를 스스로 찾게 할 것인가요.

이 두 가지 중 어느 하나를 선택할 것인지는 부모의 몫이지만 지금 그 선택은 아이가 가진 남다른 창의력의 싹을 잘 키워 낼 것인가 아니면 그 싹을 꺾어 버릴 것인가의 선택의 기로이기도 합니다.

실제로 위의 상황에서 후자의 방법으로 교육받은 현우는 지금 서울에 있는 과학고등학교에서 노벨상 수상의 꿈을 키우며 지금도 열심히 부수고 만들며 말썽(?)을 피우고 있습니다. 어릴 때부터 이것저것 새로운 것은 그의 손에서 제 모습을 지킬 수 없었고 바로 그 물건들은 모두 그의 과학 훈련을 위한 교구가 되었습니다. 이런 모든 말썽을 이해하고 격려한 부모의 배려가 오늘날 현우를 과학자의 꿈을 키운 자리에 있게 한 것입니다.

그렇지만 실제로 아이의 실수나 말썽을 이해하고 그것을 교육적인 기회로 삼는 부모는 과연 얼마나 될까요? 어릴 때의 기억을 되살려 보세요. 엄마가 사 오신 새 옷의 꽃무늬가 너무 예뻐서 그 꽃만을 오려서 다른 곳에 달아 보려고 가위질을 했다가 눈물이 쏙 빠지도록 야단을 맞고 난 다음부터는 새 것에 손을 댈 엄두조차 내지 못했던 기억이라든지, 라디오 속에 사람이 들어 있는지 보고 싶은 충동에 라디오를 뜯어 보다 고장을 내고 혼이 난 다음부터 무엇인가를 하려면 겁이 난다는 등 어릴 때 받았던 한순간의 충격이 자신의 성격이나 태도에 얼마나 큰 영향을 미쳤는지를 기억해 보세요.

물론 내 아이의 실수에 매번 너그럽게 반응하기는 쉽지 않습니다. 또한 부모가 아이의 모든 실수를 쉽게 허용하는 것은 나쁜 습관으로 연결될 수도 있습니다. 그렇지만 호기심과 탐구심의 발로에서 나온 내 아이의 실수는 즐거운 마음으로 받아들여 주어야 합니다.

실수를 통해서 무엇인가를 배우고 그 실수가 계기가 되어 새로운 것을 만들어 낼 수 있는 창의력 향상의 기회가 된다면 돈 몇만 원에 창의력의 싹을 꺾는 실수는 없어야 할 것입니다.

퀴리 부인은 실험실에서 일어난 실수 중의 하나로 노벨상을 수상하는 라듐을 탄생시켰고, 콜럼버스는 원래 인도를 찾고 있었지만 실수로 아메리카를 발견하게 됩니다. 이래도 내 아이의 실수를 일방적으로 혼내야만 할까요?

실수는 인생의 기본적인 학습 과정이며 성공을 위한 필요 계단입니다. 왜냐하면 실수할 때 우리는 무엇이 잘못이었는지를 배우고 새로운 시도를 할 기회를 얻게 되기 때문입니다.

부모의 꾸중이 호기심의 발휘를 억제해야 하는 분위기에서는 아이의 탐구심은 메마를 수밖에 없으며 높은 창의력은 기대할 수 없습니다. 언제나 호기심을 실험으로 옮길 수 있는 분위기 속에서 창의력은 향상됩니다.

고디안의 매듭을 풀어라

고대 예언서에 따르면 누구든지 고디안의 매듭(Gordian Knot)을 풀 수 있는 사람이 아시아의 왕이 될 것이라고 했습니다. 그 매듭은 아주 복잡하게 얽혀 있어서 여러 사람이 풀어 보려고 시도해 보았지만 모두 실패하고 말았습니다. 그때 알렉산더의 차례가 왔습니다. 매듭의 출발점을 찾으려고 했지만 결국 찾지를 못해 매듭을 풀 수 없었던 그는 난처한 입장이 되었습니다. 그때 알렉산더는 말했습니다.

"나는 매듭을 푸는 나 자신만의 방법을 만들어야겠다."

그러고는 검을 꺼내 그 매듭을 반으로 잘랐습니다. 그래서 마침내 예언대로 아시아는 그의 것이 되었습니다.

최신의 기술이나 새로운 발명은 누군가가 기존의 틀에 박힌 규칙에 도전하여 새로운 접근을 시도했을 때 일어납니다. 정해진 규칙과 고정관념에 얽매인 상태에서는 발전을 기대할 수 없습니다. 모든 사람이 가지 않은 길도 가 보겠다는 자세와 신념, 모든 사람이 앉아 있을 때 혼자 일어설 수 있는 용기와 모험만이 새로운 세계를 경험할 수 있게 해 줍니다. 이런 경험이 바로 창의력을 향상시키는 원동력입니다.

"너, 제발 딴짓 좀 하지 마라." "너는 왜 이렇게 엉뚱한 짓만 골라서 하니?" "제발 시키는 대로만 해." 이런 식의 말을 자주 듣는 아이일수록 창의력이 높아질 수 없습니다. "엄마가 외출에서 돌아올 때까지 숙제를 끝내 놓아야 한다."라고 했더니 하라는 숙제는 하지 않고 집 안의 냄비란 냄비는 모조리 꺼내 놓고 숟가락으로 두드리며 소리를 비교하는 아이, 친구를 놀려 주기 위해 집게벌레를 신발 속에 넣어 놓는 아이, 어항 안에 있는 비단잉어에게 밥을 주라고 했더니 먹이를 넣어 준 후 얼마나 배가 부른지 본다고 붕어를 어항 밖으로 꺼내다 바닥에 떨어뜨리는 아이 등은 모두 말썽꾸러기처럼 보입니다.

그렇지만 이 아이들의 딴짓이나 엉뚱한 짓은 새로운 발견을 위한 창의력을 기르는 원동력이 될 수 있습니다. 반대로 언제든지 부모가 시키는 대로만 해야 하는 분위기에서 자란 아이는 규칙을 잘 지키고 착실한 사람은 될 수는 있겠지만 융통성이나 모험심이 없어 새로운 일에 쉽게 도전하지 못합니다. 결국 문제 해결을 위한 또 다른 방법이 있을 수 있다는 생각을 쉽게 할 수 없으며, 이런 아이에게서 창의력 발휘를 기대하기란 힘듭니다.

다음 문제를 풀어 보세요. 그림과 같이 5개의 정사각형으로 꾸며진 L자 모형의 패턴을 4개의 막대를 움직여서 4개의 똑같은 크기의 정사각형을 만들려고 한다면 어떤 막대 4개를 옮겨야 할까요?

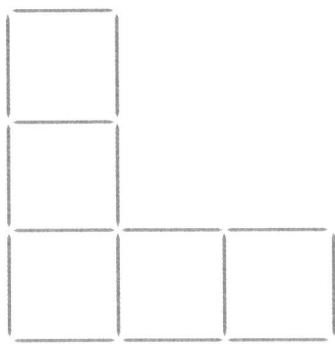

　쉽게 해결을 했나요? (정답은 다음 페이지에 있습니다) 문제에서 정사각형은 함께 붙어 있지 않고 독립되어 있습니다. 그러나 본래의 문제에서 정사각형이 붙어 있었기 때문에 습관처럼 4개의 정사각형이 붙어 있어야 한다고 생각하기 쉽습니다. 아마 이런 생각이 문제 해결을 방해했을 것입니다.

　위의 문제를 해결하기 위해서는 융통성 있는 사고가 필요합니다. 정사각형이 반드시 붙어야 한다는 단서가 없다는 것을 인식하여 새로운 접근 방법을 모색할 수 있어야 합니다. 이러한 능력은 어릴 때부터 새로운 방법에 대한 모색에 익숙해져 있는 환경이 중요합니다. 딴짓을 할 수 있는 허용적인 분위기에서만이 융통성이 싹틀 수 있습니다. 다양한 상황에 부딪치는 훈련을 해야 새로운 방법으로 도전하는 경험을 익힐 수 있습니다.

　고디안의 매듭은 모든 사람이 시도하는 전형적인 방법으로는 풀 수 없습니다. 새로운 방법으로 도전했을 때만이 가능합니다. 모든 사람이 주어진 환경에 만족해서 그대로 살아간다면 인류 사회의 진보는 더 이상 기대할 수 없을 것입니다. 이 세상은 끝없이 새로운 도전을 요구하고 있으며 이런 도전 속에서 창의적인 산출물이 가능합니다.

부모인 여러분도 가끔 딴짓을 해 보세요. 아침 식사로 아이스크림을 먹거나 예쁜 선물 포장지 대신에 구겨진 신문지로 선물을 포장해 보세요. 엉뚱한 행동이 새로운 아이디어를 불러올 수 있음을 보여 주세요. 집에서 내 아이의 딴짓을 무조건 금지하기보다는 본래의 의도가 건설적이라면 딴짓도 허용되는 따뜻한 분위기 속에서 고디안의 매듭을 풀 수 있는 넉넉한 지혜와 능력을 키워 주어야 합니다.

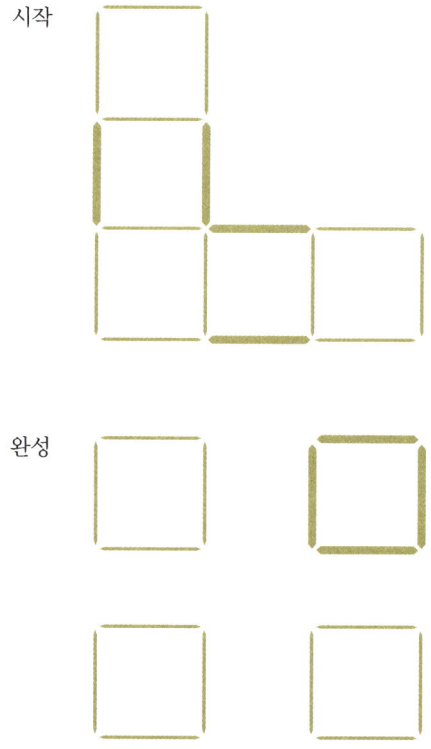

웃음으로 가득한 분위기를 만들어 주어라

'웃음'이 사람들의 마음과 두뇌의 긴장을 풀어주고 창의력을 높여 준다는 사실은 많은 연구 결과를 통해 알 수 있습니다. 창의적인 가족일수록 유머가 풍부하다는 연구 결과가 위의 사실을 입증해 줍니다. 창의적인 가정은 끊임없는 농담, 우스개, 놀이, 그들만이 갖고 있는 특유의 코믹한 이름이나 어휘 등으로 가득하기 때문에 늘 웃음이 쌓여 있습니다.

유머가 풍부하며 매사에 창의적인 사고로 여러 사람을 기분 좋게 하는 미국인 부부를 알고 있습니다. 예전에 미국 사람들의 축제 중의 하나인 할로윈 데이에 즈음하여 그 부부의 집에 초대된 적이 있습니다. 참석자들 모두가 호박 한 개씩을 가지고 가야 했습니다. 이유는 식사 후에 호박을 이용한 조각 대회를 마련했기 때문입니다. 그래서 그날 참석한 모든 사람들은 가져온 호박으로 사람 얼굴을 조각해야 했습니다.

식사 후, 각자의 아이디어와 기술을 발휘하여 호박을 이용한 작품을 만들었습니다. 조각이 모두 끝난 후 그 호박 안에 촛불을 켜 놓으면 작업이 완료됩니다. 완성된 작품을 나란히 올려놓고 파티에 참석한 모든 사람들이 심사를 했습니다.

재미있는 사실은 단순히 잘 만들고 멋있는 작품 위주로 점수를 주는 것이 아니라 다양한 상의 이름에 걸맞게 채점을 하였다는 것입니다. 상의 종류는 가장 솜씨 없이 못 만든 팀에게 주는 '못난이상', 눈을 삼각형이나 쭉 찢어진 형태로 만들어 무서워 보이는 작품에게 주어지는 '공포상', 가장 예쁘게 호박을 만든 팀에게 주어지는 '귀염둥이상', 그리고 호박에 자신이 끼고 온 안경을 걸쳐 놓고 검은 닭털을 이용하여 콧수염까지 다는 등 아이디어가 기발한 작품에게 주어지는 '창의상' 등이었습니다.

그날의 행사는 그것으로 끝이 아니었습니다. 좀 더 재미있는 부분은 바로 그들에게 주어지는 상품이었습니다. 상품 내용들이 평소 부부의 유머러스한 행동을 엿볼 수 있게 했습니다. 못난이 인형, 통닭구이 형태의 모형 통닭, 태엽 달린 움직이는 고추, 방귀 소리 나는 튜브공 (공 모양의 튜브에 바람을 넣어 방석 밑에 살짝 넣어 놓으면 사람이 앉으면서 바람이 빠집니다. 그러면 마치 그 자리에 앉은 사람이 방귀를 뀌는 것 같은 소리가 납니다) 등 모임에 참석한 사람들을 즐겁게 해 주는 것들이었습니다.

그날 저는 파티 장소에서 호박을 이용해 조각 콘테스트를 한다는 아이디어에 놀랐고, 사람들이 만든 작품들을 구경하며 웃었습니다. 그리고 작품을 평가하는 기준과 상의 이름에 웃었고, 상품을 하나하나씩 펼치며 작동해 볼 때는 더 많이 웃었습니다.

그 파티를 주관한 부부의 집에는 늘 웃음이 가득합니다. 이들의 태도는 매사에 창의적으로 사고하는 데 아주 큰 몫을 하고 있어 그들의 직장 생활에도 도움을 준다고 합니다. 이런 모든 것들이 그들의 삶을 기쁘게 해 주며 삶의 질을 높여 줍니다.

미국의 샌프란시스코에 있는 한 은행은 한 달 동안 '웃음에의 도전'이라는 이름으로 모든 직원들이 동료를 하루에 한 번 이상씩 웃겨 보도록 하는 이벤트를 실시합니다. 그리고 가장 공이 큰 사람에게는 인사 고과에 반영해 준다고 합니다. 웃음이 넘치는 곳에서 창의적인 아이디어가 나온다는 것이 경영진의 생각인 것입니다.

이러한 유머, 그리고 웃음은 뇌가 한창 발달하는 과정에 있는 아이에게 효용성이 아주 큽니다. 따라서 생활이 즐거우며 웃음이 가득한 환경을 만들어 주는 일이야말로 내 아이의 창의력을 높이는 필수 조건이라고 할 수 있습니다. 지금 이 순간 여러분 집의 분위기를 돌아보세요. 웃음 수치가 얼마나 된다고 생각하나요? 당장 오늘 내 아이를 위해 웃음을 선사할 방법을 생각해 보세요.

아이디어를 부추기는 분위기를 만들어 주어라

유럽을 중심으로 유랑 생활을 하는 집시들은 유난히 건강합니다. 그 이유가 무엇일까요? 그들은 적극적으로 건강할 수 있는 환경을 만들어 갑니다. 한 집시가 아프면 적어도 예닐곱 명의 집시 가족이 우르르 의사에게 몰려간다고 합니다. 이런 가족적인 격려와 위로가 환자에게 심리적인 안정감을 제공할 뿐 아니라 병의 빠른 회복에 대한 자신감을 불어넣어 준답니다.

마찬가지로 내 아이도 창의적인 환경이 되도록 주위에서 잘 지원받게 되면, 또 새로운 아이디어를 기대하는 환경에서라면 창의적인 생활을 하기가 훨씬 쉽습니다.

화가를 부모로 둔 아이 중에 그림을 잘 그리는 아이가 많고, 성악가를 부모로 둔 아이 중에 노래를 잘하는 아이가 많습니다. 그것에 대해 보통 유전의 영향이라고 쉽게 생각합니다. 물론 그 아이들이 부모로부터 물려받은 재능을 무시할 수는 없습니다. 그렇지만 더 중요한 사실은 화가나 성악가의 아이들은 어릴 때부터 그림이나 노래, 피아노 소리 등을 자주 접하는 환경에서 자란다는 것입니다. 그들의 집 이곳저곳에는 그림을 그릴 수 있는 도구들이 널려 있고, 유명 성악가들의 사진이 있고 노랫소리가 끊이지 않기 마련입니다.

비록 부모가 화가나 성악가가 아니더라도 그림이나 색연필이 손에 닿기 쉬운 곳에 배치되어 있거나, 언제나 음악을 들으면서 생활하는 분위기 속에 있는 아이들은 그렇지 못한 환경의 아이들보다 그림이나 음악에 대한 감각이 뛰어납니다. 또 일찍부터 그 방향에 관심을 보이게 됩니다.

내 아이의 특기를 키운다고 일찍부터 미술 학원이나 피아노 학원에 보내 무리한 조기교육에 열을 올리는 부모들이 있습니다. 그것이 능사일까요? 오히려 그런 아이가 일찍부터 그림이나 피아노에 질려 버리지 않을까요?

차라리 색연필이나 크레파스, 색종이 등을 주위에 놓아두고, 벽 한쪽을 아이가 마음껏 그림을 그릴 수 있는 공간으로 만들어 주세요. 항상 음악이 흐르는 분위기를 만들어 주고, 피아노 연주회에 아이를 데리고 가 보세요. 그런 시도가 내 아이에게는 그림과 음악 등 예술에 대한 창의적인 능력을 키울 수 있는 좋은 토양이 됩니다.

어려서부터 창의적인 사고를 할 수 있는 집안 환경을 조성해 준다면 아이의 창의성은 쑥쑥 높아집니다. 궁금한 것이 있을 때 찾아볼 수 있는 여러 종류의 책이나 백과사전이 구비되어 있고, 재미있는 장난감이 주변에 있으며, 폐품을 이용해 새로운 물건으로 변신한 아이디어 물품이 이곳저곳에 널려 있는 환경, 새로운 아이디어가 떠오를 때마다 메모할 수 있는 칠판이나 메모지를 침대 머리맡이나 냉장고 문 앞에서 손쉽게 찾을 수 있도록 배려하고, 뭔가 특이하고 상상력을 불러일으킬 수 있는 그림이나 물건이 있는 환경 등을 만들어 주어야 합니다. 바로 이런 분위기 속에 있는 내 아이가 창의력 향상에 좀 더 가까이 갈 수 있습니다.

만약 셰익스피어가 알래스카에서 태어났고 피카소가 아프리카에서 자라났다면 그들이 유명한 작가나 화가가 될 수 있었을까요? 글을 쓸 수 있고, 그림을 그릴 수 있는 물리적인 환경과 그러한 일을 성취하고 싶어 하는 욕구가 생길 수 있도록 기대하는 가정과 사회의 분위기 속에서 셰익스피어도, 그리고 피카소도 태어날 수 있는 것입니다.

여러분의 가정에서는 어떤 방법으로 창의적인 아이디어를 표현할 수 있게 해 주고 있나요? 또 얼마나 창의적인 아이디어가 솟아날 수 있도록 환경을 꾸며 놓고 있는지를 한번 둘러보세요. 언제든지 새로운 아이디어가 기대되고 환영받는 분위기 속에서 내 아이의 창의성이 발휘되고 각자의 재능이 빛을 발하게 될 것입니다.

내 아이를 방해하지 마라

다섯 살 정빈이는 유치원에서 여러 가지 나무 블록을 이용하여 자신이 생각해 낸 새로운 모형의 자동차를 만들고 있었습니다. 동그란 바퀴 대신 조그맣고 네모난 나무 두 개를 아주 위태하지만 바퀴 대신 넣어 놓고 그 위에 넓은 직사각형의 나무 블록을 얹고, 길고 가느다란 것은 안테나로 세워 보려고 안간힘을 쓰고 있었습니다. 그때 친구인 진형이가 달려와서 블록 몇 개를 빼앗아 갔습니다.

정빈이가 자동차를 멋지게 완성하기 위해서 필요하니까 돌려 달라고 했지만 진형이는 들은 척도 하지 않았습니다. 이때 선생님이 오더니 "사이좋게 놀아요."라고 하면서 블록을 둘로 나누어 주었습니다. 결국 정빈이는 새로운 자동차를 만들어 보려는 창의적인 기회를 빼앗기고 말았습니다.

한 아이가 한 가지 장난감에 열중해서 놀고 있는 동안은 다른 아이가 그 장난감을 가지고 놀고 싶어 해도 먼저 시작한 아이가 끝내기 전까지는 어쩔 수 없이 기다려야 한다는 것이 몬테소리 교육의 이론입니다. 장난감은 서로 나누어서 놀아야 하고 친구에게 양보할 줄 알아야 착한 아이이며, 집단 속에서 서로 협동을 해야 사회성이 높은 것으로 생각하는 어른들의 고착된 사고의 틀로서는 쉽게 수긍하기 어렵습니다.

그러나 위와 같은 사례를 통하여 먼저 시작한 아이가 장난감을 가지고 놀 시간을 기다려 주는 여유가 결국 아이 개인의 생각하는 시간과 활동을 중시하는 것으로 연결되고, 이것이 바로 생각하는 힘을 길러 주며 창의성이 싹트는 짧지만 중요한 시간이라고 한다면 이해할 수 있을 것입니다.

내 아이가 어떤 일에 열중하고 있을 때는 방해하지 마세요. 그 아이 나름대로 새로운 생각이 떠오르는 시간일 수도 있습니다. 일반적으로 누구나 자신이 재미있어 하는 일에는 집중하는 시간이 길어지며, 집중해서 일하는 동안 새로운 발견을 할 수 있습니다. 물론 규칙적인 생활 습관도 중요하지만 스스로 학습할 수 있는 기회를 제공하고 발견의 즐거움을 촉진한다는 점에서 보면 오히려 아이를 내버려 두는 것이 좋습니다.

내 아이에게도 혼자만 보낼 수 있는 시간과 장소를 마련해 주지 않으면 창의적인 활동이 활발히 진행될 수 없습니다. 개성 있고 창의적인 아이디어의 생산을 위해 아이에게도 고독한 시간도 필요한 것입니다. 개미들의 일하는 모습을 구경하느라 정신이 팔린 아이에게 '쓸데없는 것을 구경하다가는 친구들하고 어울리지 못하게 된다.' 고 꾸중하지 말고, 책읽기에 푹 빠져 있는 아이를 잠잘 시간이라고 억지로 재울 필요는 없다는 말입니다.

신뢰감을 가질 수 있는 분위기를 만들어 주어라

　창의적인 아이디어는 심리적으로나 정서적으로 불안하거나 억압적인 분위기보다는 안정된 분위기에서 더 자연스럽게 표출됩니다. 부모와 아이 간에, 교사와 학생 간에 서로 믿고 따르며 따뜻한 정이 오가는 가운데 아이는 자신의 아이디어를 마음 편히 이야기할 수 있습니다.

　즉 약간은 엉뚱한 질문이나 작은 실수도 두려움 없이 이야기할 수 있는 자유로운 분위기가 조성되어야 합니다. 어떤 아이디어라도 잘 받아들여 주는 부모님이라는 신뢰가 아이에게 생길 때 편히 의견을 내세우게 되는 것입니다. 원래 창의력은 그렇게 발달해 가는 것입니다.

　어떻게 하면 내 아이와 가깝게, 그리고 다정하게 지낼 수 있는지를 생각하면 신뢰감은 저절로 생겨납니다. 다음에서 제시하는 것은 작가인 댄 보울린이 자신의 사랑하는 딸을 위해 실시한 방법들입니다. 여러분도 내 아이를 위해 지금 당장 실천해 보세요. 부모와 아이 사이에 서로의 신뢰감을 쌓는 데 아주 좋은 방법들입니다.

1. 딸의 생일에 딸을 큰 도화지에 눕게 하고 몸 전체의 모양을 떠놓는다. 이 일을 매년 반복하면서 딸이 얼마나 자랐는지를 보여준다.

2. 낡은 트렁크에 오래되어 안 쓰는 살림 도구를 채워준 뒤 소꿉놀이를 하도록 해 준다.

3. 딸이 잠들어야 할 시간 이후에 아이스크림을 사러 나가 밤하늘을 보며 함께 걷는다.

4. 딸과 같은 반 친구들의 사진을 보며 각 친구의 이름을 알아 둔다.

5. 풀이나 꽃으로 화관을 만드는 방법을 가르쳐 준다.

6. 여러분이 딸의 나이였을 당시의 이야기를 들려준다.

7. 딸이 햄버거나 치킨 중에서 어느 것을 좋아하고 싫어하는지를 알아본다.

8. 출장으로 집에 없을 때 딸 앞으로 꽃 한 묶음을 주문해 보낸다.

9. 딸의 생활 속에서 칭찬해 줄 만한 행동이나 강조하고 싶은 성격의 장점을 격려하는 편지를 쓴다.

10. 딸의 방을 새로 도배하기 이틀 전에 마음대로 벽에 낙서하도록 허락한다.

11. 식당에서 메뉴를 보고 시킬 음식을 마음속으로 결정한 다음 서로가 무엇을 정했는지를 알아맞혀 본다.

12. 딸의 발바닥 모양을 두꺼운 종이로 여러 개 만들어서 집 안 어느 구석구석에 숨겨둔 간단하면서 특별한 선물이 있는 곳까지 이어지도록 놓아둔다.

13. 자주 드나드는 상점에 다녀오는 길에 일부러 시간이 더 걸리는 먼 길로 돌아와 본다. 딸이 왜냐고 물으면 함께 더 많은 시간을 보내고 싶어서라고 설명해 준다.

14. 딸에게 이야기할 때는 언제나 눈을 들여다보며 이야기한다.

15. 서로 의논해서 어떤 규칙을 정하되, 아빠의 생각을 먼저 존중해야 됨을 가르친다.

16. 딸이 잘하는 것 중 무엇이든지 (공기놀이, 줄넘기, 돌던지기놀이, 요리 등) 가르쳐 달라고 요청해 본다.

17. '추억거리' 주머니를 들고 함께 산책하며, 재미있는 잎사귀, 조약돌 같은 잡동사니를 모아본다.

18. 가족 타임캡슐을 함께 만든다. 가족에 대한 편지나 동전들, 신문의 1면, 중요한 사진들, 현재의 생필품 물가표 등을 포함해서 몇 년 후에 다시 찾아 볼 수 있는 장소에 함께 파묻는다.

– 《사랑의 향기》 중에서

위의 것들 중에서 내 아이가 좋아하는 어떤 것이라도 실행해 보세요. 부모와 아이 사이에 더없는 신뢰감과 따뜻한 사랑이 만들어지며, 이와 같은 분위기에서는 내 아이의 창의력이 무럭무럭 자랄 수 있을 것입니다.

노벨상은 책읽기에서 시작된다

2차 세계대전이 끝나고 전선에서 고향으로 돌아온 독일의 젊은 병사들 배낭 속에는 괴테의 《파우스트》가 한 권씩 들어 있었다고 합니다. 독일의 젊은 이들은 비록 전쟁에서는 패배했지만 책읽기를 통한 독일 문학의 우월감을 바탕으로 짧은 시간 내에 국가의 부흥을 이룩하는 기적을 낳았습니다.

그렇게 책읽기를 즐겨서인지 2006년 독일 월드컵을 기념하여 베를린 도심에 세운 것은 바로 어마어마한 높이의 책 조형물이었습니다. 괴테, 칸트, 헤세 등 독일 출신의 세계적인 철학자들과 문학자들의 이름을 새겨 쌓아놓은 책 조형물은 책읽기에서 인생의 길을 찾는 독일인들에게 어깨가 으쓱할 만큼의 자부심을 주기에 충분했습니다.

일찍이 책읽기가 풍부한 삶을 담보해 준다는 이치를 깨닫고 '일상에서 책읽기의 생활화'를 강조한 사례는 수없이 많습니다. 프랑스의 황제 나폴레옹은 살벌한 전쟁터에서도 꼭 읽을 책 한 권을 옆에 끼고 다녔고, 동양의 시성 두보는 시를 통하여 장자가 그의 친구 혜시의 장서를 두고 감탄한 고사를 모티브로 하여 "남자는 모름지기 다섯 수레의 책을 읽어야 한다(男兒須讀 五車書)"라고 하여 책읽기의 중요성을 강조하였습니다.

우리나라도 예외는 아닙니다. 조선 정조왕 24년, 사주당 이씨(師朱堂 李氏)가 태교에 대하여 쓴 《태교신기(胎敎新記)》 전체 10장 중 3장에는 임신부의 언어, 행동 등 심신 관리사항(備論胎敎)에 관하여 논하고 있는데 그 내용을 살펴보면, '귀인(貴人)과 호인(好人)의 초상화, 귀하고 기품이 높은 물품, 빛나고 아름다운 것, 성현이 훈계한 글을 임신부가 가까이 두고 볼 것'을 권장하고 있습니다.

귀인과 호인의 초상화를 보고 성현이 훈계한 글을 읽어서 그런 감동들이 배 속에 있는 태아에게 그대로 전달되기를 바랐던 것입니다. 이렇게 태아 때부터 책읽기의 중요성을 강조한 것이니 태어난 이후에는 어떻게 교육할지 상상이 되지 않나요?

이렇듯 책에 대한 예찬이나 독서의 소중함은 동서고금을 막론하고 끊임없이 강조되어 왔습니다. 그러한 책읽기가 주는 혜택은 다양한 곳에서 찾을 수 있습니다.

특히 영재를 자녀로 둔 부모와 상담을 하다보면 "우리 아이는 책을 너무 많이 읽어 고민이에요. 정말 책밖에 몰라요. 친척집에 놀러 가서도 다른 사람들과는 어울리지 않고 혼자 책만 읽어 민망할 정도예요.", "일찍부터 책을 많이 읽어 시력이 나빠졌어요. 저녁에 책을 읽지 못하도록 불을 껐더니, 아 글쎄 이불 속에서 손전등을 켜고 책을 읽더라고요." 라는 등의 행복한 고민을 듣습니다.

영재성을 띤 아이들은 글이나 숫자를 빨리 깨우친다든지, 암기를 잘하고, 이해력이 높다는 등 여러 가지 특성들이 있지만 그중에서도 영재들에게 보이는 가장 두드러진 특성은 책을 아주 좋아한다는 것입니다. 따라서 책읽기는 영재가 되기 위한 충분조건은 아니지만 필요조건임은 분명합니다. 내 아이를 영재로 키우기 원한다면 지금부터 당장 책 읽는 습관을 길러 주세요.

하지만 요즈음 대부분의 아이들은 책읽기를 싫어합니다. 정신 차릴 수 없을 정도로 빠르게 진보하는 정보과학의 발달은 자라나는 아이들의 사고를 디지털 문화라는 협소한 공간에 가두고 있습니다. 과학의 발달은 인류에게 편리성을 제공하고 있지만 또 다른 한편에서는 의도하지 않은 결과를 초래하고 있는 것입니다. 아이들은 TV를 보고 즐거워하거나, 게임에 빠져 하루에도 수백 명의 사람과 로봇, 수십 대의 차를 죽이고 파괴하면서 즐거워합니다. 그리고 뭐든 쉽고 빨라야 합니다.

인터넷 시대에 살고 있는 지금은 주제어를 치고 마우스로 클릭 한 번만 하면 관련 정보가 줄줄이 올라옵니다. 책읽기가 주는 즐거움과 이로움의 첫 번째인 지식과 정보 전달을 반드시 책 속에서만 찾을 필요가 없다고 생각합니다. 이렇게 즉각적이고 자극적인 것에 익숙하다보니 아이들은 자연스럽게 책 읽는 것에서 멀어지게 되었습니다.

면역 체계가 건강한 세포와 바이러스에 감염된 세포를 구분한다는 사실을 밝혀낸 공로로 노벨상을 탄 호주 멜버른 대학 병리학 교실의 피터 도허티 (Peter Doherty) 교수가 노벨상 수상자 초청 강연을 위해 국내의 한 대학을 방문

했습니다. 그는 '노벨상을 받을 수 있었던 원동력이 무엇인가요?' 라는 기자의 질문에 서슴지 않고 대답했습니다.

"어렸을 때부터 아빠와 할머니가 책을 많이 읽어 주셨고, 6~7세 때부터 책을 혼자 읽기 시작했습니다. 노벨상을 받게 된 가장 큰 원동력은 '책읽기' 라고 말하고 싶어요. 부모가 아이들에게 매일 책을 읽어주는 것이 좋습니다."

도허티 교수는 또한 책읽기를 하는 이유를 "아이디어를 얻기 위해서입니다. TV에서도 정보를 얻을 수 있지만 깊이 있는 내용을 전달해 주지는 못하죠." 라고 답하면서 책읽기의 중요성을 또 한 번 강조했습니다.

책 속에는 단순한 정보와 지식 외에, 세상을 일깨워 주는 지혜의 길이 있으며, 정서적 안정을 가져다주는 포근한 엄마 품과 논리적이고 창의적으로 생각할 수 있는 사고력의 샘물이 있습니다. 더불어 세상에서 변신을 꾀할 수 있는 상상력을 키워 줄 수 있는 것이 바로 책이라는 것입니다.

창의성의 발휘는 풍부한 지식을 바탕으로 무한한 상상력이 감싸질 때 나타납니다. 따라서 일찍부터 아이가 책 읽는 습관을 갖도록 부모가 먼저 책 읽는 모습을 보여 주세요. 책으로 가득한 거실, 모든 가족이 책 읽고 토론하는 모습, 그렇게 집 안 가득히 독서의 향기가 퍼져 나갈 때 비로소 내 아이의 창의성은 무럭무럭 자라납니다.

토론하는 시간을 마련하라

미국의 명문 가문으로 일컬어지는 케네디 가문이 '케네디 왕조'라고 불릴 만큼 훌륭한 가문이 될 수 있었던 것은 바로 존 에프 케네디의 엄마 로즈 여사의 교육 때문이었다고 해도 과언이 아닙니다. 그녀의 위대함은 바로 아홉 명이나 되는 아이들을 모두 훌륭하게 교육시킨 데에 있습니다.

그녀는 아이들에게 어릴 때부터 책과 가까워지도록 늘 책을 읽어 줬고, 심지어 여행을 통해 역사 교육을 시키는 등 완벽한 교육을 위해 힘썼습니다.

또한, 로즈 여사의 교육 방법이 남들과 다르게 독특했던 것은 아이들과 함께하는 저녁 식사 시간을 토론 시간으로 활용하는 일이었습니다. 매일 그날의 뉴스 등 특별한 일들을 주제로 삼아 주방 입구에 있는 게시판에 붙여 놓았습니다. 아이들은 그 주제를 가지고 저녁 식사를 하면서 서로 의견을 발표하며 지식을 습득하는 기회로 삼았습니다.

아이들에게 저녁 식사 시간은 단순히 밥을 먹는 자리가 아니고, 자신의 의견을 발표하고 토론하면서 지식을 함양하는 지적 훈련의 시간이었습니다. 바로 이와 같은 습관이 대통령, 상원의원, 장관 등을 배출하는 결실을 맺은 것입니다. 다음은 케네디가의 식탁에서의 한 장면입니다.

"존! 부활절이 뭐지?"

"네, 예수님의 부활을 기념하기 위해 춘분 뒤에 오는 만월 직후의 일요일에 행하는 축하 의식입니다."

"그래, 잘 알고 있구나. 그럼 지난 일요일에 신부님이 핑크색의 특별한 옷을 입고 계신 이유도 알겠지?"

"네, 사순절이었기 때문입니다."

"그렇지. 하지만 어째서 사순절을 지키지? 해마다 부활절은 같은 날일까? 아니지? 그렇게 날짜가 해마다 바뀌는 것은 가톨릭교회에서는 뭐라고 하더라? 로보트는 알고 있니?"

"잘 모르겠습니다."

"그래, 죠가 가르쳐 주겠니?"

"이동 축제일이라고 합니다."

"그래, 이동 축제일이지. 어떻게 날짜를 계산할까? 아까 존이 이야기한 그대로야. 춘분 다음의 보름달 바로 다음 일요일이지. 춘분이란 어떤 날일까? 캐서린이 설명해 줄래?"

– 《큰 사람을 길러낸 엄마들》 중에서

일찍부터 자신의 의견을 똑바로 표현할 수 있고 다른 사람들의 대답 내용을 통해 지식을 함양할 수 있는 기회가 되도록 하는 것이 바로 로즈 방식의 창의적인 교육 방법이었습니다.

식탁에서의 교육은 아이들이 성장해서도 잊지 못하는 살아 있는 교육의 장입니다. 온 가족이 단란하게 모일 수 있는 이 시간을 이용하여 아이들로 하여금 생각할 수 있는 기회를 마련해 주고 새로운 아이디어가 떠오를 수 있는 질문을 해 보세요. 그날의 뉴스나 사회 문제를 내 아이가 이해할 수 있는 수준에서 질문하다 보면 의견을 말하면서 표현 능력을 기를 수 있는 시간으로 활용할 수 있습니다.

내 아이의 창의성을 꺾는 20가지의 말

아이들은 기본적으로 창의성이 뛰어납니다. 그래서 이미 사고 체계가 어느 한쪽으로 기울어져 버린 어른의 생각을 아이에게 강요하면 안 됩니다. 그러나 현실의 부모들은 어떤가요? 이미 어른인 자기의 기준에 맞춰 아이들을 가르치고 있는 것이 대부분입니다.

다음의 사례들은 평소 아이들의 말과 행동에 대한 부모들의 반응을 모은 것입니다. 아이들은 종종 괴상한 질문을 하기도 하고 기이한 행동을 하기도 합니다. 또한 때로는 기발한 아이디어를 내놓기도 합니다. 그때에 부모들은 어떻게 대처해야 하는지를 생각해 보았으면 합니다. 아이들에게 상처를 주는 말이나 행동으로 창의성의 싹을 꺾은 일은 없었는지 가슴에 손을 얹고 조용히 생각해 보세요.

1. 말도 안 되는 소리 하지도 마

"진짜 걱정이야. 우리나라에 웬 자동차가 이렇게도 많지."

아빠가 신문을 보며 말하자 엄마도 끄덕였습니다.

"그러게 말이에요. 휘발유 한 방울 나지 않는 나라에서 자동차가 너무 많은 것 같아요."

그 말을 들은 경민이도 걱정이 되었습니다. 기름이 한 방울도 나지 않는데 그 많은 자동차를 움직이게 하려면 외국에서 기름을 사 와야 할테니까요.

이런 생각을 하던 경민이가 갑자기 손뼉을 딱 쳤습니다.

"그럼 물로 가는 자동차를 발명하면 되잖아요. 제가 커서 물로 가는 자동차를 만들게요."

경민이의 말에 아빠가 혀를 끌끌 찹니다.

"말도 안 되는 소리 하지 마라."

아빠는 그렇게 핀잔을 주고는 다시 신문을 읽기 시작했습니다. 경민이는 뭐가 말이 안 되는 건지 생각해 보기 위해 제 방으로 갔지만 도무지 알 수 없었습니다.

2. 얼씨구! 잘한다

동현이는 군인놀이하는 것을 좋아합니다. 아빠가 있으면 아빠하고 같이하기도 하지만 아빠는 거의 매일 늦게 들어오시기 때문에 혼자 할 때가 많습니다. 장난감 권총으로 이 방 저 방을 뛰어다니며 군인놀이를 하던 동현이가 갑자기 주방으로 달려갔습니다. 동현이는 주방에서 냄비를 꺼내 머리에 썼습니다. 얼마 전 TV에서 본 멋진 베레모를 쓴 군인이 생각났던 것입니다.

냄비를 쓰고 몇 걸음 걷던 동현이는 다시 주방으로 가 이번에는 밥주걱을 허리에 찹니다. 자신의 모습을 거울에 비춰 본 동현이가 자랑스럽다는 듯이 어깨를 으쓱거렸습니다. 그때 엄마가 동현이의 모습을 보았습니다.

"엄마, 나 군인 같지?"

동현이가 환하게 웃으며 말했습니다. 그러나 엄마의 눈초리는 이미 치켜 올라가 있었습니다.

"얼씨구! 잘한다. 그러다가 남아나는 살림살이 하나도 없겠다."

엄마의 말에 동현이는 기가 죽었습니다. 모처럼 생각해 낸 자신의 아이디어가 여지없이 묵살당하는 순간이었으니까요.

3. 네가 그것을 어떻게 해. 내가 해 줄게

은미가 오빠와 함께 놀고 있습니다. 오빠는 로봇을 조립하느라 정신이 없고 그것을 한동안 구경하던 은미는 재미가 없어져서 종이접기를 합니다. 그러나 종이접기는 마음먹은 대로 쉽게 되지 않습니다. 한참 끙끙대고 있는데 오빠가 은미를 힐끗 보며 말합니다.

"바보야. 거기는 뒤집어서 접어야지."

오빠 말이 맞는 것 같습니다. 은미는 오빠 말대로 뒤집어 접어 보았더니 제대로 접혔습니다. 은미가 좀 더 어려운 걸 집어 들었습니다. 오빠는 다시 로봇에 정신이 팔려 있었습니다.

은미는 설명서를 보면서 골똘하게 종이 접는 방법을 생각하고 있었습니다.

그때 엄마가 들어왔습니다.

"네가 그걸 어떻게 해. 이리 줘, 내가 해 줄게."

엄마는 은미가 들고 있던 색종이를 빼앗아 척척 접었습니다. 한참 골똘하게 생각하고 있던 은미는 갑자기 자기가 아무것도 못하는 아이처럼 느껴졌습니다.

4. 쓸데없는 짓 좀 그만해라

상훈이는 무엇이든 관찰하는 것을 좋아합니다. 오늘도 상훈이는 놀이터에서 개미들을 관찰했습니다. 개미들이 그 작은 몸으로 부지런히 움직이는 것이 참으로 신기했습니다. 해가 쨍쨍 내리쬐어 무척 더웠지만 상훈이는 아랑곳하지 않고 계속 개미들을 관찰했습니다. 그때 상훈이의 얼굴에서 땀 한 방울이 떨어졌습니다.

'가만히 앉아 있는 나도 이렇게 더운데 부지런히 일하는 개미들은 얼마나 더울까?'

이런 생각을 한 상훈이는 성냥개비와 종이를 이용해 개미가 쉴 수 있는 임시 집을 만들어 주었습니다. 그리고 자기가 먹다 남긴 비스킷을 잘게 부수어 개미들에게 뿌려 주었습니다.

"얘, 상훈아!"

갑자기 엄마가 소리를 버럭 질렀습니다.

"쓸데없는 짓 그만하고 빨리 집에 들어오지 못하니? 치라는 피아노는 안 치고 엉뚱한 짓만 하고 있다니까."

엄마의 말에 상훈이는 아쉬움을 남긴 채 관찰을 포기하고 들어가야 했습니다.

5. 어린애는 그런 거 몰라도 돼

정은이는 호기심이 많습니다. 그래서 자주 어른들의 대화에 끼어듭니다. 질문도 많습니다.

"엄마, 고모는 왜 가슴이 볼록해?"

"아빠는 화장을 안 하는데 엄마는 왜 화장을 해?"

"어, 저녁에 떠 있던 달이 어디 갔지?"

부모들에게는 이런저런 질문이 보통 성가신 것이 아닙니다. 그래서 아무 생각 없이 대답하곤 합니다.

"그런 건 알아서 뭐하니?"

그렇지만 아이는 정말 궁금합니다.

"어린애가 그런 걸 알아서 뭐하니? 넌 몰라도 돼." "나중에 크면 알게 돼."

아이가 어리다는 이유로 대답을 피하거나 귀찮아해서는 안 됩니다. 정은이는 이미 엄마에게는 무엇을 물어도 신통한 대답이 나오지 않는다는 걸 알기 때문에 웬만하면 질문을 하지 않습니다.

6. 제발 좀 치워라

상민이 엄마는 깔끔한 성격입니다. 그래서 뭐든지 정돈이 안 되고 어질러져 있는 모습을 못 봅니다. 그렇지만 상민이는 그렇지 않습니다. 한 가지 장난감만 가지고 놀면 심심함을 쉽게 느끼기 때문에 엄마가 안 볼 때면 장난감을 있는 대로 꺼내놓고 놉니다. 자동차도 종류별로 꺼내놓고 한번은 지프를, 한번은 버스를, 한번은 구급차를 가지고 놉니다.

그렇지만 엄마는 그럴 때마다 여지없이 나타납니다.

"또 방 어지럽혔구나. 제발 좀 치워라, 응. 무슨 애가 그렇게 어수선하니?"

엄마가 그렇게 야단을 치면 상민이는 할 수 없이 장난감을 치워야 합니다. 이런 일이 계속되다 보니 상민이는 집에서 장난감을 가지고 놀지 않게 되었습니다. 언제나 방을 깨끗이 치워야 한다는 강박관념 때문에 자유로운 발상은커녕 즐겁게 놀 수도 없게 된 것입니다. 그럼 장난감은 왜 사 주나요?

7. 왜 너는 바보 같은 것만 물어보니?

은경이는 질문이 많습니다.

"엄마, 왜 여자 아이들은 고추가 없어요?"

엄마가 듣기에는 딱한 질문이지만 은경이는 정말 궁금합니다.

"여자니까 없지."

엄마는 그냥 그렇게 대답해 버리고 말지만 은경이로서는 왜 여자는 고추가 없는지 이해할 수가 없습니다.

"남자는 있는데 왜 여자는 고추가 없어야 하나요?"

은경이가 다시 물으면 엄마는 신경질을 냅니다.

"왜 너는 그렇게 바보 같은 것만 물어 보니?"

매번 그런 식입니다. 엄마는 대답하기 난처한 것이거나 좀 유치한 질문이라고 생각되면 가차 없이 바보 같은 질문을 한다고 윽박지릅니다. 그래서 이제 은경이는 궁금한 것이 있어도 더 이상 엄마에게 묻지 않습니다. 왜냐하면 은경이는 바보 같은 아이가 되고 싶지는 않으니까요.

8. 이건 규칙이야, 그대로 해야 돼

현수는 새롭게 생각해 보는 것을 좋아합니다. 그래서 장난감을 가지고 놀 때에도 설명서에 써 있는 대로 하지 않고 자기 식대로 해 보는 것을 재미있어 합니다. 주사위 놀이도 마찬가지입니다.

자신이 생각한 대로 바꾸어서 해 보고 안 되면 다시 설명서대로 따라 해 봅니다. 자기 생각대로 해서 될 때도 있고 안 될 때도 있습니다. 그렇지만 현수 엄마는 현수와 생각이 다릅니다.

"이 바보야. 여기 씌어 있잖아. 시키는 대로 해야지 왜 엉뚱하게 하니?"

"한번 해 보고 안 되면 그렇게 할 거예요."

엄마는 현수의 말은 들은 척도 않고 설명서를 들이밉니다.

"이건 규칙이야, 그대로 해야 해."

엄마의 말은 강요나 마찬가지입니다. 현수는 새로운 방법을 찾아보려고 했지만 엄마는 그것을 방해합니다. 엄마는 왜 현수의 융통성을 방해만 할까요?

9. 너는 너무 어려서 하면 안 돼

수형이 아빠는 바둑을 잘 둡니다. 집에서 TV를 보며 혼자 바둑을 두기도 하고 동네 기원에 나가서 바둑을 두기도 합니다. 어려서부터 아빠가 바둑 두는 것을 보며 자란 수형이도 아빠처럼 바둑을 두고 싶어 합니다. 그래서 수형이는 바둑알을 꺼내 바둑판 위에 올려놓고 바둑 두는 시늉을 합니다.

"애, 수형아. 너 또 바둑알 가지고 장난치니? 지저분하니까 어서 그만 둬."

수형이가 바둑알을 가지고 놀 때마다 아빠는 그렇게 잔소리를 합니다.

"아빠, 저도 바둑 좀 가르쳐 주세요?"

수형이가 아빠를 졸라보지만 아빠는 들은 체도 않습니다.

"아빠. 바둑 가르쳐 주세요. 네에?"

"너는 아직 어려서 안 돼."

아빠는 매정하게 말합니다. 수형이는 언제나 커서 바둑을 배울 수 있을지 답답하기만 합니다.

10. 웬 말이 그렇게 많니? 하라면 할 것이지

지연이는 의사 표현이 분명한 아이입니다. 그래서 어른들에게도 자기 생각을 분명하게 말합니다. 엄마가 심부름을 시켜도 지연이는 그것이 불합리한 것인지 옳은 일인지 생각해 보고 자신의 의견을 이야기합니다.

엄마가 쓰레기봉투를 재활용 처리하는 곳에 버리라고 해서 쓰레기봉투를 들고 나가다 보니 콜라 페트병이 음식물 쓰레기와 함께 들어 있었습니다.

"엄마, 페트병은 따로 분리수거를 해야 하잖아."

그러자 엄마가 짜증스럽게 말했습니다.

"넌 엄마가 심부름 시키면 웬 말이 그렇게 많니? 하라면 할 것이지."

지연이는 그런 엄마를 이해할 수 없습니다. 지연이는 쓰레기봉투를 들고 나와 페트병을 분리했습니다. 그런 일이 계속되자 지연이는 엄마에게 자신의 의견을 말하는 일이 없어졌습니다.

11. 여자면 여자답게 놀아야지

"아빠, 빵!"

성혜는 퇴근해 오는 아빠에게 권총을 들이대고 쏘는 시늉을 했습니다. 깜짝 놀란 아빠가 엄마에게 말했습니다.

"여보. 성혜가 어떻게 된 거야? 계집애가 무슨 권총을 가지고 놀고 있어!"

아빠 목소리는 화가 난 것 같습니다. 엄마가 성혜에게 다가가 권총을 빼앗았습니다.

"성혜, 너! 이런 건 남자 애들이나 가지고 노는 거라고 엄마가 몇 번이라 말했니?"

엄마는 그렇게 말하면서 인형을 성혜에게 주었습니다.

"넌 이런 걸 가지고 노는 거야. 여자면 여자답게 놀아야지."

성혜는 엄마가 주는 인형을 받기는 했지만 시무룩합니다.

'치, 인형놀이는 재미없는데.'

성혜는 그런 생각을 하며 엄마가 안 보이는 틈에 인형을 휙 던져버렸습니다.

12. 참견 말고 네 할 일이나 해

은주는 어른들의 일이 매우 궁금한 아이입니다. 어느 날 전화를 받고 난 엄마가 몹시 짜증을 냈습니다.

"엄마, 누구 전환데?"

"이모."

"이모가 왜 엄마를 화나게 했어?"

"넌 몰라도 돼."

그러나 은주는 궁금합니다. 엄마의 눈치를 잠시 살피던 은주가 다시 묻습니다.

"엄마가 지난번에 소개시켜 준 아저씨랑 잘 안 되는구나?"

그러자 엄마가 벌컥 화를 냈습니다.

"조그만 게 왜 자꾸 참견이야. 참견 말고 네 할 일이나 해."

은주는 정말로 이모 일이 궁금하고 걱정되는데 엄마는 화만 냅니다. 쪼그마한 애는 사람도 아닌가 뭐. 차라리 아이에게 모르게 하든지요.

13. 넌 아무래도 좀 지능이 모자라나 봐

창호는 만화를 무지무지 좋아합니다. 특히 '독수리 오형제'를 좋아합니다. 어느 날 엄마와 학습지를 하고 있었습니다.

'2와 3을 더하면 얼마일까요?'

엄마가 내 준 문제입니다. 창호는 골똘히 생각하다가 엄마를 향해 의기양양하게 큰 소리로 대답했습니다.

"1!"

엄마는 기가 막혔습니다. 조금 전에 가르쳐 주었는데 엉뚱한 대답을 하는 창호가 얄밉기도 했습니다.

"창호야, 다시 생각해 봐. 엄마가 금방 가르쳐 주었잖아."

"1이라니까 엄마, 왜냐하면……."

창호가 설명을 하려고 했지만 엄마는 이미 화가 났습니다.

"넌 아무래도 좀 지능이 모자라나 봐."

이럴 때 창호는 슬픕니다. 창호는 독수리 오형제에서 2호기와 3호기가 합쳐질 때를 생각한 것이었는데 말이죠.

'2+3=5라는 걸 누가 모를 줄 알고.'

그러나 창호는 엄마에게 말하지 않았습니다. 자기 생각을 들어 보지도 않는 엄마가 야속했으니까요.

14. 도대체 넌 커서 뭐가 되려고 그러니?

대부분의 아이들은 숙제하는 것을 좋아하지 않습니다. 초등학교 3학년인 상기도 마찬가지입니다.

"상기야, 숙제 다 했니?"

TV에서 나오는 만화영화를 보고 있는 상기에게 엄마가 물었습니다. 상기는 슬며시 제 방으로 갔습니다. 지겨운 숙제를 하던 상기는 문득 기발한 생각이 들었습니다. 상기는 쿵쾅거리며 엄마에게 달려갔습니다.

"있잖아요. 나 커서 발명가가 될 거예요."

"무슨 발명을 할 건데?"

"제목만 적어 주면 숙제를 척척 해 주는 로봇을 만들 거야. 지금까지 발명가들은 다 뭐하고 있었는지 몰라. 그런 로봇도 만들지 못하고."

상기의 말에 엄마가 한심하다는 표정을 지었습니다.

"그렇게 숙제를 하기 싫으니? 도대체 넌 커서 뭐가 되려고 그러니?"

그러자 상기는 정말 자신이 한심해졌습니다.

'나는 커서 뭐가 되어야 할까? 정말 고민이네.'

15. 야! 지금은 그런 것 할 때가 아니야

설날을 맞아 TV에서 '연날리기' 장면을 보여주었습니다. 방패연, 가오리연, 반달연 등 수많은 연들이 하늘을 나는 모습은 장관이었습니다.

"아빠가 어릴 때는 연이나 팽이 같은 걸 만들어서 놀았단다."

진호가 고개를 끄덕였습니다. 진호는 문방구에서 연을 사서 날려 보았지만 직접 만들어 볼 생각은 하지 못했습니다.

"아빠, 우리 연을 한번 만들어 봐요. 모터가 달린 연을 만들면 너무 재미있을 것 같아요."

그러나 아빠는 딱하다는 표정으로 진호를 바라보며 말했습니다.

"네가 지금 그런 것 만들 때니? 지금 네 친구들은 영어 단어를 외우고 있을 텐데. 넌 참 딱하구나."

그 말을 들은 진호는 갑자기 힘이 쭉 빠졌습니다. 영어 단어만도 못한 연날리기를 보여주는 TV도 그렇게 한심해 보일 수가 없었습니다.

16. 네가 하는 일이 다 그렇지 뭐

진국이 방에 있는 시계는 시간은 잘 맞는데 알람이 울리지 않습니다. 그래서 진국이는 매일 늦게 일어나 엄마에게 꾸지람을 들었습니다. 진국이는 시계를 고쳐 보려고 시계를 뜯었습니다. 시계의 구조는 간단해 보였지만 진국이 실력으로는 도저히 고쳐지지 않았습니다. 결국 시계는 바늘도 움직이지 않게 되었습니다. 시계를 고치겠다고 나섰지만 오히려 망가뜨린 결과가 되었습니다.

진국이가 머리를 긁적이며 엄마를 보았습니다.

"아예 망가져 버렸네."

진국이가 모기만한 소리로 말하자 엄마가 딱하다는 표정을 지었습니다.

"그럼 그렇지, 네가 하는 일이 다 그렇지 뭐. 내가 그럴 줄 알았다니까."

그 이후로 진국이는 무엇인가 고쳐 보려는 생각은 아예 하지 않게 되었습니다. 고쳐 볼 생각은커녕 괜히 망신만 당하면 어쩌나 걱정하게 되었습니다.

17. 하늘은 하늘색으로 칠해야지, 그런 색의 하늘은 없어

"엄마, 이 그림 좀 보세요."

선영이가 자기가 그린 그림을 자랑스레 엄마에게 보여주었습니다. 엄마가 대견하다는 듯 선영이의 그림을 받아들었습니다.

"어, 선영아! 그림이 왜 이렇지?"

"왜요, 엄마?"

"애, 하늘을 빨간색으로 칠하면 어떻게 하니? 색연필 이리 줘 봐."

엄마는 선영이 하늘색 색연필을 꺼냈습니다.

"자 봐, 하늘색은 여기 있잖니. 자, 다시 그려 보자."

그러나 선영이는 다시 그리려고 하지 않았습니다.

"다시 그리면 엄마가 맛있는 과자 줄게."

선영이는 과자를 준다는 말에 그림을 다시 그리고 하늘색으로 하늘을 칠했습니다. 그러나 선영이의 마음은 편하지 않았습니다. 왜냐하면 선영이가 그린 하늘은 저녁노을이 붉게 타는 하늘이었기 때문입니다. 선영이는 거짓 그림을 그린 셈이 되었습니다. 엄마가 주는 과자 때문에요.

18. 넌 도대체 누굴 닮아 그렇게 엉뚱하니?

"엄마, 롤러브레이드 사 주세요."

초등학교 2학년인 재섭이는 롤러브레이드가 몹시 갖고 싶었습니다. 아이들이 롤러브레이드를 타고 씽씽 달리는 것을 보면 정말 부러웠습니다. 그러나 엄마는 요지부동입니다.

"안 된다니까. 너 롤러브레이드가 얼마나 위험한 줄 아니?"

이유는 그거였습니다. 위험하다는 것. 그러나 재섭이는 결코 롤러브레이드를 포기할 수 없었습니다. 재섭이는 비상수단을 쓰지 않을 수 없었습니다. 안방 미닫이문 아래에 달려 있는 도르래를 떼 내어 축구화에 달겠다는 계획을 세웠습니다.

축구화 바닥에 못을 박아 고정시키면 모양은 다소 볼품이 없더라도 롤러브레이드처럼 타고 다닐 수 있지 않겠는가 생각했던 것이지요.

그렇지만 결과는 실패였습니다. 공연히 축구화만 망가뜨렸습니다. 축구화에 못을 박아놓은 사실을 알게 된 엄마가 한마디 했습니다.

"넌 도대체 누굴 닮아 그렇게 엉뚱하니?"

엄마는 롤러브레이드의 이치를 깨달은 아들이 전혀 대견스럽지 않은 모양입니다.

19. 아니! 뭐 그런 당연할 걸 가지고 떠들고 그러니?

은채는 그림 그리는 것을 좋아합니다. 제 방에서 그림을 그리던 은채가 주방에서 일하고 있는 엄마에게 급하게 달려왔습니다.

"엄마, 엄마! 이것 좀 보세요."

은채는 무언가 대단한 발견이라도 한 모양입니다.

"뭔데 그러니?"

"내가 주황색하고 흰색을 섞었더니 살구색이 되었어요. 이것 보세요. 내가 만든 색깔이에요."

그러나 엄마의 표정은 시큰둥합니다.

"뭐 그런 당연할 걸 가지고 그렇게 호들갑을 떨고 그러니? 아직도 그걸 모르고 있었니?"

위대한 발견을 했다고 생각한 은채는 그 순간 머쓱해지고 말았습니다. 남들은 다 알고 있는데 혼자만 모르고 있던 꼴이 된 셈입니다. 은채는 바보가 된 것 같아 기분이 좋지 않았습니다.

20. 그건 해보나마나 안 돼

기원이가 엄마와 블록놀이를 하고 있습니다. 엄마는 블록으로 여러 가지 모양을 아주 잘 만듭니다. 하지만 엄마가 만드는 블록은 너무 많이 봐서 그다지 재미가 없습니다.

　엄마가 전화를 받기 위해 잠시 자리를 비운 사이 기원이는 새로운 모양을 만들기 위해 끙끙거렸습니다. 아주 멋진 것을 만들어 엄마를 깜짝 놀라게 해 주고 싶었습니다. 그러나 블록으로 무엇을 만드는 일은 쉬운 것이 아니었습니다.

　"기원아, 뭐하니?"

　어느새 돌아온 엄마가 기원이에게 물었습니다.

　"아주아주 무서운 공룡이요."

　그 말을 들은 엄마가 고개를 저었습니다.

　"뭐, 공룡을 만든다고? 겨우 이 블록으로 공룡을 만든다는 거니? 그건 해보나마나 안 돼. 쓸데없는 짓 하지 마."

　엄마는 기원이의 생각과는 상관없이 한마디로 잘라 말했습니다.

　"자, 엄마가 예쁜 집을 만들어 줄게."

　엄마는 그 지겨운 집을 또 만드신답니다. 기원이는 하나도 재미가 없는데 말이죠.

창의성을 방해하는 4가지 요소

"무엇인가 관찰하고 발견하는 즐거움이 책임감과 강요라는 수단에 의해 증진될 수 있다고 생각한다면 그것은 이루 말할 수 없는 실수이다."

아인슈타인이 그의 자서전에서 언급한 말입니다. 강요는 어떤 종류의 것이든지 지식을 얻는 즐거움을 줄어들게 하고 그 지식을 창의적으로 사용하는 일 또한 방해합니다.

그러나 많은 부모들은 내 아이의 잠재 능력을 개발시켜야 한다는 명목으로 이것저것 모든 면을 다 알아야 훌륭한 사람이 될 것처럼 많은 공부를, 그리고 많은 과외활동을 강요하고 있습니다. 불쌍한 우리 아이들은 유치원과 학교가 끝나기가 무섭게 이 학원 저 학원으로 뛰어가야 합니다.

오후 시간에 놀이터를 한번 둘러보세요. 아이들이 몇 명이나 놀고 있나요?

학원에 가지 않는 아이가 오후 시간에 놀이터에 가도 같이 놀아 줄 또래 친구를 만날 수가 없는 것이 현실입니다. 불안한 부모들은 아이들을 피아노 학원으로, 태권도장으로, 미술 학원으로, 발레 학원으로 내몰고 있습니다. 그러나 아이들이 진심으로 받아들이지 못하는 지나친 조기교육이 오히려 아이들의 창의력 향상을 저해하고 있다는 것을 알고 있나요?

이러한 '강요'는 단지 아이를 꾸중하고 엄격한 규칙 속에 얽매어 놓는 것만을 이야기하는 것이 아닙니다. 아이들의 관심을 아예 무시하거나 또는 그 반대로 지나친 보상과 칭찬을 남발하는 것도 포함됩니다.

즉 창의력을 방해하는 '강요의 수단'으로는 평가, 보상, 경쟁, 선택권의 제한 등을 들 수 있습니다.

1. 평가

갓 결혼한 새색시는 시댁에 가기만 하면 유난히 그릇을 자주 깹니다. 시부모가 보고 있으면 더 긴장해 일을 잘하지 못합니다. 집들이에 손님을 초대한 날일수록 음식 솜씨가 형편없어지는 경험도 흔합니다. 이것은 편안한 마음이 아닐 뿐 아니라 상대방이 자신의 행동을 평가하리라는 생각 때문에 능력이 저하되어 나타나는 일반적인 현상입니다.

한 연구 결과에 따르면, 일하는 동안 누군가가 자신을 감시하거나 쳐다보고 있다고 느낄 때 창의력이 저하된다고 합니다. 감시는 사람들로 하여금 자신이 평가받고 있다고 느끼게 하기 때문입니다.

창조적인 작업을 하는 예술가들은 창의적인 작품 활동을 크게 방해하는 조건 중 가장 큰 영향력을 미치는 것으로 '평가'에 대한 과도한 관심을 꼽습니다. 많은 시인, 화가, 음악가는 자신들의 작품이 평론가에 의해 어떤 평가를 받을지에 매우 민감하며 그 평가 때문에 심한 스트레스를 받습니다. 사실 타인들의 평가를 초월한 상태에서 작품에 대해 자신만의 자부심만으로 만족과 성취감을 찾는 일은 쉽지 않습니다.

그러나 외부인들의 평가에 너무 신경을 쓰다 보면 스스로 추구하는 작품 세계를 제대로 구사하지 못하고 타인들이 요구하는 방향으로 끌려가기 쉽습니다. 이렇게 만들어진 작품은 평범할 수밖에 없습니다. 결국 자신들의 창의적 능력이 제대로 발휘를 못하게 되는 것입니다.

아이들의 경우에도 평가에 대한 관심이 창의성을 감소시키기는 마찬가지입니다. 창의력 전문가가 실험을 해 보았습니다. 아이들을 두 그룹으로 나누고 처음에는 색연필로 그림을 그리게 하고 다음에는 색종이를 여러 모양으로 오려 마음대로 구성하는 콜라주를 만들도록 했습니다. 이때 한 그룹은 색종이 콜라주를 하기 전에 색연필로 그린 그림에 대해 평가를 하고, 다른 그룹은 평가를 하지 않았습니다.

그 후 미술 전문가가 두 그룹의 콜라주를 비교했을 때 평가를 받지 않은 그룹 아이들의 콜라주가 평가를 받은 그룹 아이들의 콜라주보다 더 창의적이었다고 합니다. 이것은 색연필로 그린 그림에 대해 평가를 받은 아이들이 그 다음의 콜라주도 평가받게 될 것이라고 예상을 하고 있었기 때문에 창의력이 감소된 것입니다.

창의력은 자유로운 환경에서 최대한 발휘될 수 있습니다. 자신의 행동이나 작품이 평가될 것이라는 예상이나 기대는 잘해야 한다는 강박감을 갖게 해 창의력을 제대로 발휘할 수 없게 합니다. 아이들의 행동을 평가하려는 태도보다는 자유스러운 분위기 속에서 마음대로 표현할 수 있도록 도와주는 것이 그들의 창의성을 키워 주는 길입니다.

2. 칭찬이나 보상

'아이는 이렇게 키워라' '아이 지능을 높이는 방법' 등 자녀 교육을 논할 때 빠지지 않는 중요 사항 중에 하나가, 곧 칭찬이나 선물과 같은 '보상'입니다. 대부분의 부모들은 아이들의 바람직한 행동이 계속 유지도록 하기 위해서는 보상이 필수 조건이라고 믿습니다. 부모들의 보편적인 정서도 그렇습니다. 보상의 긍정적인 힘에 대한 신념은 대단합니다.

누구나 칭찬을 받은 경험이 있을 것입니다. 칭찬이나 보상을 받은 후 기분은 어떠했나요? 칭찬 받고 기분 나쁘거나 화를 낸 사람은 아무도 없을 것입니다.

그러나 보상이 항상 긍정적인 효과를 가져 오지는 않습니다. 보상의 또 다른 측면은 치러야 할 숨은 대가가 너무나 많다는 것입니다. 보상은 때때로 아이들이 스스로 무엇인가를 찾아서 해 보려는 내적 동기를 무너뜨리게 되고 계속되는 보상은 창의성을 말살시키는 결과를 초래합니다.

유치원 미술 시간에 왕자와 공주 그림을 아주 예쁘게 그린 아이에게 "어머! 어쩜, 이렇게 잘 그리니?"라고 칭찬을 해 주었더니 그 아이는 계속해서 왕자와 공주만을 그렸습니다. 결국 유치원을 다니는 동안 그 아이가 잘 그릴 수 있었던 그림은 왕자와 공주 그림뿐이었습니다.

칭찬이 주는 효과는 대단합니다. 칭찬은 고래도 춤추게 한다고 하잖아요. 하지만 별 의미 없이 아무 때나 하는 칭찬은 페니실린과 같은 역할에 지나지 않습니다. 매사에 칭찬이나 보상을 기대하게 되고 보상이 뒤따르지 않는 일은 하지 않게 되며 일에 대한 흥미를 느끼지 못합니다.

밥을 잘 먹지 않는 아이에게 "밥 먹으면 장난감 사 줄게." 에서부터 "100점 받으면 자전거 사 줄게."로 길들여진 아이는 "엄마, 청소하면 뭐 사 줄 거야?" "나, 컴퓨터 갖고 싶은데 뭐하면 사 줄 거야?"로 이어집니다. 이와 같이 일찍부터 아이의 행동 수정을 보상에만 의지했던 부모들이 그 아이가 성장해서까지 그 습관에서 헤매고 있음을 종종 발견할 것입니다.

초등학생들에게 양초, 압정 한 갑, 그리고 종이 한 장을 나누어주고 종이를 수직으로 세운 다음 그 위에 양초를 올려놓아 보도록 했습니다. 물론 나누어준 모든 재료를 활용할 수 있습니다. 사실 이 문제의 정답은 압정이 든 상자에서 압정을 뺀 후 빈 상자를 압정으로 종이에 밀착하도록 붙이는 것입니다. 그렇게 되면 수직으로 된 종이가 빈 상자에 붙어 있기 때문에 양초를 올려놓을 수 있는 면적이 생기면서 그 위에 양초를 올려놓으면 종이 위에 올리게 된 셈이 되어 문제가 해결됩니다. 이 문제에서 중요한 점은 압정 상자를 단순히 원래의 용도인 압정 용기로 생각하는 것에서 벗어나 양초를 올려놓는 단상으로 사용하는 데 있습니다.

연구자는 학생들을 두 그룹으로 나누었습니다. 그리고 한 그룹에게는 문제를 빨리 해결하는 그룹에게 2만원의 상금을 주겠다고 이야기해 주고 다른 한 그룹에게는 보상에 대해 아무런 이야기를 하지 않았습니다.

그 결과 보상에 관해 아무런 이야기를 해 주지 않은 그룹이 보상을 약속한 그룹보다 훨씬 빨리 문제를 해결했습니다. 주어진 재료를 새로운 측면에서 바라보고 문제 해결을 위한 미로를 탐색하는 데 있어서 보상이 오히려 문제 해결에 방해가 된 것으로 보입니다. 그러나 단순히 미로를 찾는 문제에서는 보상을 기대할 수 있었던 그룹이 더 빨랐습니다.

이 연구 결과는 아주 단순하고 쉽게 해결할 수 있는 일에는 보상이 효과를 볼 수 있으나, 통찰을 요구하거나 복잡한 문제 해결에는 보상이 오히려 방해가 된다는 것을 보여주고 있습니다.

또 다른 연구에서도 비슷한 결과를 보여 주었습니다. 두 그룹의 초등학교 아이들을 대상으로 그림책을 보고 이야기를 만들어 보도록 했습니다. 한 그룹에게는 이야기를 하고 나면 즉석에서 나오는 폴라로이드 사진을 찍어 주기로 약속을 했고, 다른 한 그룹에게는 어떤 보상에 대한 약속을 하지 않았습니다.

이야기가 모두 끝난 후 아이들의 이야기에 대한 창의성을 검토해 본 결과, 보상을 약속하지 않은 그룹이 보상을 약속한 그룹보다 훨씬 창의적인 이야기를 한 것으로 나타났습니다.

칭찬이나 보상은 아이의 긍정적인 행동을 강화하고 또 그들의 긍정적인 자아감을 만들어 주기 위해 꼭 필요한 요소입니다. 그러나 그러한 칭찬이나 보상이 가져다주는 부정적인 효과를 생각해 보면 더욱 신중하게 사용해야 합니다.

3. 경쟁

미국의 한 심리학자가 같은 아파트에 사는 7세에서 11세 사이의 여자 아이들을 자기 집으로 초대해서 조그마한 파티를 열었습니다. 토요일과 일요일 두 차례에 걸쳐서 초대를 했는데 처음 토요일 파티에서는 여자 아이들과 몇 가지 게임을 한 후 3가지 상품을 보여주면서 파티가 끝날 때 추첨을 하여 상품을 줄 것이라고 이야기했습니다. 그리고 나서 그들 모두에게 색종이를 이용한 콜라주를 만들어 보도록 했습니다.

그리고 다음 날인 일요일에도 같은 방법으로 파티를 열었습니다. 단 이때는 가장 잘 만든 3명에게 상품을 주겠다고 콜라주를 시작하기 전에 이야기했습니다. 그 후에 미술 교사가 토요일과 일요일에 만들어진 모든 작품의 창의력을 측정했습니다. 그 결과 경쟁을 하지 않았던 토요일 그룹의 작품이 일요일 그룹의 작품보다 훨씬 더 창의적임을 알았습니다.

가장 좋은 작품 3개에 상품을 준다는 이야기 때문에 상품을 타기 위해 다른 아이들의 작품보다 더 잘해야 한다는 경쟁의식이 저절로 생겨난 것입니다. 이러한 경쟁의식은 오히려 심리적으로 불안정한 상태를 유발시키며 이런 불안정한 상태가 창의력을 제대로 발휘할 수 없게 만든 것입니다.

경쟁은 평가나 보상 두 가지 모두 다 관련이 있기 때문에 평가나 보상 자체보다도 훨씬 더 복잡합니다. 대부분의 경우 경쟁은 사람들이 그들의 행동이나 작품이 다른 사람들의 것들과 비교해서 평가된다는 것을 느낄 때 일어납니다. 그리고 가장 좋은 것에 상을 준다는 것을 알게 될 때 경쟁심이 생깁니다. 이것은 바로 일상생활에서 매일 일어나는 일이며 불행히도 창의력의 싹을 자르는 결과를 가져옵니다.

4. 선택권의 제한

아인슈타인은 학습과 창의성이란 강요에 의해서 증진될 수 없다고 강력히 주장하였습니다. 그가 이와 같이 주장하는 데는 충분한 이유가 있었습니다. 어린 시절 그가 다닌 학교는 군대처럼 매우 엄격했으며, 암기식 공부를 강조했고, 혹독한 훈련을 시키는 곳이었습니다.

교사들이 어떻게 공부하라는 식으로 모든 것을 통제했으며, 시키는 대로 따라야만 통과할 수 있는 시험들은 그에게 몹시 고통스러운 일이었습니다. 그가 학기말 고사를 아주 형편없이 치른 후에 다음과 같이 고백합니다.

"이와 같은 강요는 나에게는 방해일 뿐이었다. 내가 기말고사를 통과한 후 1년 내내 과학에 관련된 문제라면 질색하게 했다."

어른들이 짜놓은 일정한 규칙 속에서 그대로 따르게 하는 박제된 생활은 아이들의 창의성을 속박합니다. 아침부터 저녁까지 부모가 세워 놓은 빡빡한 스케줄만을 그대로 따라야만 한다면 그들은 언제 스스로 생각할 수 있게 될까요? 가정에서, 유치원이나 학교에서, 학원에서 자신이 스스로 해야 할 일들을 선택할 수 없는 상황에서 그들의 창의성은 발휘될 기회가 없습니다.

내 아이가 그리는 그림도 일정한 소재를 정해 주고, 똑같은 모양으로 그리고, 똑같은 색으로 칠하도록 강요하는 것보다 무엇을 어떻게 그리고 싶은지,

어떤 색으로 칠하기를 원하는지 자신이 선택하도록 하세요. 음식점에서도 자신이 원하는 음식을 시킬 수 있도록 해 주고, 가족과 함께 떠나는 여행도 선택권을 주어 보세요.

아이가 원하는 곳이 어떤 이유에서든지 갈 수 없는 곳이면 이유를 논리적으로 설명해 주고 다른 곳을 선택하도록 함으로써 생각의 체계성과 논리성을 키울 수 있는 좋은 기회로 삼아야 합니다. 어린 네가 뭘 알겠느냐는 식으로 무시하고 어른의 기준으로 평가하고 판단해서 아이로 하여금 무조건 따르도록 강요한다면 그들의 사고는 늘 틀 안에서만 맴돌고 융통성이라고는 찾아볼 수 없게 되고 맙니다.

오늘날 불행히도 규범화된 학교의 많은 제도들은 아이의 창의성 발달에 도움을 주기는커녕 오히려 걸림돌이 되고 있습니다. 더 창의적인 제도와 학습 방법을 연구하여 아이들에게 다양한 기회를 제공해 줌으로써 생각할 수 있는 힘을 기르고 동시에 창의력도 높이려는 노력이 필요합니다.

균형을 잃지 않는 교육이 필요하다

평가, 보상, 경쟁, 선택권의 제한 등은 가정이나 학교에서 오랫동안 의지했던 교육 방법이었습니다. 그러나 사실은 그런 것들이 자칫 잘못하면 창의성을 파괴할 수 있습니다. 그렇다면 과연 어떤 교육 방식을 택해야 할까요?

아이들의 창의성 발달을 위해 그들의 행동을 절대 평가하지 말고, 잘한 행동에 상도 주지 말고, 경쟁심도 갖지 않도록 하고, 무슨 일이든 스스로 선택하게 해야 할까요? 만약 그렇게 해야 한다면 어떻게 우리 아이들을 책임감 있고, 법을 잘 준수하며 더불어 사는 사회에서 성공적으로 적응할 수 있도록 도울 수 있을까요?

사실 앞서 소개한 네 가지 요소(평가, 칭찬이나 보상, 경쟁, 선택권의 제한)는 아이들의 훈육과 더 바람직한 행동 발달을 위해 꼭 필요한 것들로써, 어느 한 가지도 소홀히 할 수 없습니다. 그렇다면 어떻게 하란 말인가요? 결국 부모님들이 상황을 적절히 판단하여 적용해야 할 것입니다.

창의력이 현대 생활에 중요하다는 이유로 아이들이 원하는 것은 무엇이든지 허락한다면 어떤 결과가 올까요? 법을 준수하고 이웃을 생각하는 아이보다는 자기 것을 얻기 위해 떼쓰고 자기 욕심만 채울 줄 아는 아이가 될 수도 있습니다.

또한 아이가 아무리 훌륭한 일을 했어도 칭찬이나 보상을 하지 않는다면 다시는 그와 같은 일을 하고 싶지 않을 수도 있습니다. 평가와 경쟁이 없는 상황에서는 일의 능률이 떨어지기 쉽습니다.

따라서 부모들은 딜레마에 빠지게 되며, 교육의 어려움을 실감하게 됩니다. 창의력도 높으면서, 동시에 모범적인 아이로 키우는 일은 쉽지 않습니다. 부모의 현명한 교육관과 지혜로운 교육 방법이 더욱 요구되고 있는 시대입니다.

평가를 하더라도 아이로 하여금 더 잘해 보고 싶은 의욕이 생기도록 하여야 하고, 보상은 습관화되지 않은 한도에서 바람직한 행동을 더욱 나타내게 하는 데 사용해야 하며, 경쟁은 아이의 심성을 해치지 않도록 조심해야 합니다. 그리고 규칙의 한계를 정하면서 아이로 하여금 선택할 수 있는 상황을 만들어 주는 등 균형을 잃지 않는 교육 방법이 중요합니다.

아이의 한 영역만을 강조해서 그것의 발달을 위해 다른 모든 것을 포기한다면 절름발이 교육일 뿐입니다. 현대사회가 요구하는 창의력이 높은 아이이면서 사회에 공헌할 수 있는 아이로 키우기 위해서는 부모의 윤리 의식과 더불어 균형 잡힌 교육관이 우선적으로 필요합니다.

중용(中庸)의 어려움은 아이들에 대한 교육에도 여전히 적용되고 있음을 실감할 수 있습니다. 따라서 그것은 결코 쉽지 않은 일이지만 바로 내 아이의 부모인 여러분의 몫일 수밖에 없습니다.

chapter 05

내 아이의 숨겨진 창의성 찾기

창의적인 아이의 특성

내 아이의 창의성에 대한 궁금증을 풀고 싶다면 부모가 아이의 행동을 잘 관찰해 보면 그들이 얼마만큼의 창의적인 능력을 소유했는지 알 수 있습니다. 사실상 테스트보다 부모의 관찰이 아이의 창의성에 대해 알아보는 데 더 정확한 정보라고 할 수 있습니다. 아이의 연령에 따라 창의적인 행동의 형태가 모두 다르게 나타납니다. 다만 다음의 몇 가지 행동 특성들은 내 아이의 창의성을 알아보는 데 도움이 될 것입니다.

1. 질문이 많다

"하늘은 왜 파랗지?", "아침에 별은 어디로 사라져?"라는 식으로 끊임없이 질문을 합니다. 창의력이 풍부한 아이는 호기심이 많으므로 궁금증을 참지 못해 이것저것 계속 묻습니다. 다섯 살 형준이는 "비는 어디에서 오는 거야?", "구름은 어떻게 생겼는데?" 하고 끊임없이 질문합니다. 창의력이 풍부한 아이들은 간단한 대답으로 만족하지 않고 충분히 이해가 될 때까지 답을 구합니다. 때로는 보통 아이들이 생각하기 어려운 것을 질문해 부모나 주위 사람들을 당황하게 하기도 합니다.

2. 사소한 일이나 상상의 세계에서 일어나는 일도 이치를 따져 보며 논리적으로 생각하는 경향이 강하다

여섯 살인 은찬이의 "엄마, 무지개는 물렁물렁해 아니면 딱딱해?"라는 질문에 "네 생각은 어떤데?" 하고 물었더니, "무지개는 딱딱할 거야. 왜냐하면 선녀들이 밟고 지나가야 되니까. 그런데 선녀는 날개가 달렸으니 물렁물렁해도 될 거야."라는 식으로 나름대로 논리를 전개합니다.

3. 침착하지 못하고 주위가 산만한 경우가 있다

새로운 아이디어나 재미있는 생각을 이야기하고 싶어서 기다릴 수가 없습니다. 어떤 일에서나 보통 아이보다 다양한 해결 방법을 생각해 내고 질문을 많이 하기 때문에 말이 많고 엉뚱한 행동을 보여 부모나 교사로부터 주위가 산만한 아이로 여겨지기도 합니다.

초등학교 1학년인 종협이는 수업 시간에 갑자기 떠오른 생각이나 엉뚱한 이야기를 많이 해 친구들을 자주 웃깁니다. 그래서 선생님에게 주위가 산만하고 수업 분위기를 망친다는 이유로 자주 벌을 받습니다.

4. 어휘 표현 수준이 높고 자유롭다

다섯 살 된 성아는 단어의 정의를 내리는 놀이에서 '수다'란 '이틀 뒤에야 끝나는 말'이라고 하거나 기존의 노래 가사를 새롭고 재미있는 가사로 바꾸어 부릅니다. '나의 살던 고향'이라는 노래를 '나의 살던 고향은 서울 보문동 그 옆에는 보문사, 그 옆은 학교.'하고 부릅니다.

5. 유머 감각이 뛰어나다

또래에 비해 유머의 수준이 높고 유머를 자주 사용하는 것도 창의력이 풍부한 아이들의 특성입니다. 동화의 내용을 재미있게 바꾸기도 합니다.

"도깨비에게 잡혀 먹히지 않기 위해서는 어떻게 했을까?"라는 질문에 대부분의 아이는 "살려 주십쇼, 도깨비님!"하고 대답하는데, 다섯 살인 재승이는 "'아이고 형님! 오랜만입니다. 절 받으세요!' 하면서 엎드려 절하지요."라고 재미있게 대답합니다.

또한 《당나귀와 나그네》라는 그림책을 보고 이야기를 꾸며 보라고 하면 말이 떠내려가는 것을 보고 아빠와 아들은 '아유, 속 시원해. 이제 홀가분하다.'라고 생각하고, 말은 '어서 떠내려가서 수영하다가 육지로 올라가야지.'라고 생각하고 있다고 말합니다.

6. 호기심이 많다

보통 아이들이 그냥 지나치는 일에도 많은 관심을 보입니다. 매번 부모님께 야단을 맞으면서도 어떤 것이 무엇으로 이루어졌으며, 어떤 내용물이 들어 있는지 알아보기 위해 물건을 분해하거나 새로운 시도를 거침없이 합니다. 다섯 살인 민호는 장난감 로봇을 분해해 보고, 캡슐 속의 약까지 열어서 확인해야 궁금증이 해소되는 아이입니다.

7. 틀에 박힌 것을 싫어한다

일반적인 것을 싫어하고 독자적인 행동을 할 때가 많습니다. 학습지 위에 이름을 적는 난에 다섯 살짜리 현이는 ✽(본인 말에 의하면 폭발 표시)를 씁니다. 오늘은 특별한 날(6. 25 한국전쟁)이라서 이름 대신 그렇게 하고 싶었답니다. 그림을 그리고 나서 이름을 쓸 때도 이름 대신 본인이 고안해 낸 사인을 매번 다른 모양으로 사용합니다.

8. 물건을 일반적으로 생각할 수 없는 방법으로 활용한다

열 살인 재희는 빈 콜라 페트병을 잘라서 그 안에 쓰다 남은 포장지를 잘게 오려 넣고 그 위에 사진을 넣어 액자 대신 사용하는가 하면, 꽃다발에 사용되었던 헝겊으로 전화기 받침을 만드는 등 다른 친구들이 흔히 생각하지 못하는 물건을 만듭니다.

9. 아이디어가 풍부하다

여섯 살인 현규는 두 장의 삼각형 카드를 이용하여 어떤 사물을 만들어 보라고 하면 3분 동안에 다음의 그림처럼 다양한 것을 생각해 냅니다.

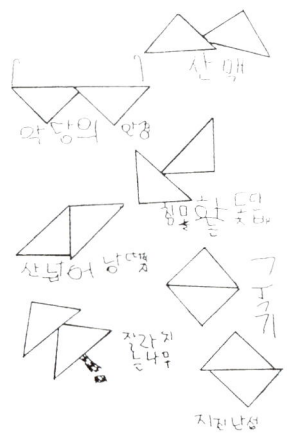

10. 실수를 두려워하지 않고 모험을 즐긴다

부모나 교사의 질문에 혹시 답이 틀리지나 않을까 하는 두려움 없이 자신의 생각이나 의견을 자유롭게 발표합니다. 실패할 수도 있는 결과를 두려워하지 않고 실험을 즐깁니다. 다섯 살 희성이는 우연히 냉장고 문에 달라붙는 마그넷을 발견하고는 주방에 있는 모든 물건을 꺼내어 붙여보다가 가위에 발등을 찍히거나, 연필깎이 속을 보기 위해 분해하다가 고장 내기가 일쑤입니다.

11. 앞뒤가 맞지 않는 모순된 일에 민감하다

논리적으로 맞지 않는 일에 예민하게 반응할 줄 압니다. 초등학교 3학년인 은영이는 TV에서 영양가와 칼로리가 높은 음식을 만드는 요리 프로그램 바로 다음에 다이어트 식품 광고가 나온다는 것은 정말 어울리지 않는다고 비판합니다.

12. 독특한 생각을 한다

평소에 또래에 비해 특이한 아이디어를 산출하는 여섯 살 승민이는 만세 부르는 모습을 그리라는 선생님의 지시에 또 한 차례 독특한 그림을 그려 선생님을 놀라게 했습니다. 모든 아이들은 자신이 혼자서 두 팔을 벌린 그림을 그렸는데, 승민이의 그림에는 긴 두 팔 뒤에 작게 벌린 두 개의 팔을 더 그려서 모두 팔이 네 개가 있었습니다. 무슨 그림인지를 묻는 선생님에게 승민이는 "앞에는 아빠가 팔 벌리고 있고, 그 뒤에 아이가 팔 벌리고 서 있으니까 팔이 4개이지요."라고 대답했습니다.

13. 사물을 결합하거나 변형하는 융통성이 있다

일정한 상황을 다른 형태로 변형하는 능력이 뛰어나며, 주어진 틀에서 융통성 있게 생각하고 활용하는 능력이 있습니다. 초등학교 2학년인 민주는 컴퓨터에 바이러스가 옮는 과정을 그림으로 표현할 줄 압니다. 다섯 살인 해미는 성냥개비를 가지고 집을 만들면서 필요하다고 여겨지는 경우 성냥개비를 서슴없이 잘라서 이용할 줄 압니다.

에디슨의 아이디어는 몇 개였을까?
- 내 아이 유창성 키우기

　발명왕 에디슨이 백열전구를 발명하기 위해 떠올렸던 아이디어가 몇 개나 될지 생각해 본 적이 있나요? 자그마치 3천개에 이른다고 합니다. 그러나 실험을 통해 타당성을 증명한 것은 그중에서 단 2가지 경우에 불과했습니다. 이처럼 새로운 발명이나 문제를 해결하려고 할 때는 다양한 아이디어 속에서 최선의 것을 골라내야 합니다. 아이디어는 많을수록 좋은 거지요.
　슈퍼마켓에서 과일을 고르는 사람들의 모습을 살펴보세요. 수북이 쌓여 있는 과일 더미에서 이것저것 들었다 놓았다 해 가며 좀 더 좋은 과일을 고르기 위해 애를 쓰지 않나요? 그들의 표정은 그 순간 자못 진지하기까지 합니다. 아무도 좋은 과일을 고르기 위해 무조건 맨 처음 든 것을 선택하지는 않습니다. 여러 개의 과일을 자세히 살피면서 크기는 다른 것보다 큰지, 상한 곳은 없는지, 더 싱싱한 것은 없는지, 심지어 모양은 괜찮은지 등 여러 가지를 비교해서 그곳에 쌓여 있는 과일들 중 가장 훌륭한 것을 고릅니다. 보통 선택의 여지가 많을수록 좋은 것을 고를 수 있는 것입니다.

많은 사과 중에서 좋은 사과를 고를 확률이 높듯이 아이디어도 마찬가지입니다. 좋은 아이디어를 택하기 위해서는 먼저 많은 아이디어가 필요합니다. 이렇게 많은 아이디어를 내는 능력이 바로 유창성입니다.

유창성이 높아서 아이디어를 많이 내면 낼수록 독창적인 아이디어나 만족할 만한 해결책을 찾아낼 가능성이 높아집니다. 20개의 아이디어 중에서 해결책을 찾는 것이 2개의 아이디어 중에서 찾는 것보다 해결책을 강구할 수 있는 가능성이 높다는 것입니다.

많은 창의성 관련 연구에서도 아이디어의 수가 많아야 훌륭하고 창조적 아이디어가 나온다는 사실이 확인되었습니다. 결국 창조적인 아이디어를 얻는 지름길은 일단 많은 아이디어를 내는 것입니다.

'하얗고 동시에 먹을 수 있는 것을 3분 동안 생각나는 대로 모두 적어 보세요.'라는 질문을 했을 때, 어떤 아이는 21가지나 생각하는가 하면, 반면에 6가지밖에 생각을 못하는 아이도 있습니다.

개인마다 가지고 있는 유창성 능력이 다르기 때문입니다. 이러한 유창성을 기르려면 연습이 필요합니다. 내 아이의 유창성을 키워주기 위해 다음과 같은 방법을 활용해 보세요.

🔵 유창성을 기르기 위한 질문

1. 머리핀을 갖고 할 수 있는 것들을 모두 적어 보세요.

2. 노란색이면서 동시에 둥근 모양을 한 것은 어떤 것이 있는지 생각나는 대로 모두 말해 보세요.
3. 낡은 잡지책을 이용해 할 수 있는 것들은 무엇일까요?
4. 100이라는 숫자를 생각할 때 떠오르는 모든 것을 말해 보세요.
5. 에너지를 아낄 수 있는 방법들을 모두 말해 보세요.
6. 눈으로 볼 수 없는 것은 어떤 것들일까요?
7. 무거운 물건을 들어 올릴 수 있는 방법들을 가능한 한 많이 떠올려 말해 보세요.

그밖에 '유창성 기르기 훈련'을 내 아이에게 실제로 시켜 보고 얼마나 많은 아이디어를 내는지 세어 보세요. 유창성 점수는 바로 아이디어를 낸 숫자라고 생각하면 됩니다.

😊 유창성 기르기 훈련

주희가 책을 읽지 않는 이유는 무엇일까요?

주희는 책상에 앉았지만 책을 읽지 않고 있습니다. 몇 가지 이유를 가정해 보면,
　- 주희는 글자를 모른다.

- 주희는 책을 찾을 수 없다.

- 눈이 나쁜 주희는 안경이 없다.

- 주희는 책을 읽기보다는 엄마가 책 읽어주는 것을 듣고 싶어한다.

- 지금은 책 읽는 시간이 아니라 수학 숙제를 해야 한다.

●● 위와 같은 같은 방법으로 다음 문장을 읽고 왜 이런 일이 일어났는지 5가지 이상 그 이유를 적어 보세요.

(1) 남자 아이가 계단에 앉아 울고 있다.

(2) 잔디가 젖어 있다.

빨갛고 뜨거운 것을 찾아라!

●● 빨갛고 동시에 뜨거운 것을 3분 동안 생각나는 대로 쓰세요.

●● 하얗고 먹을 수 있는 것을 3분 동안 생각나는 대로 쓰세요.

●● 까맣고 단단하며 둥근 모양의 것을 3분 동안 생각나는 대로 쓰세요.

아이스크림콘은 맛있어!

●● 다음 아이스크림콘에 적혀 있는 숫자를 어떻게 다양하게 표현할 수 있을까요? (예를 들면, 숫자 20은 10+10, 4×5, 100÷5 등으로 표현할 수 있습니다)

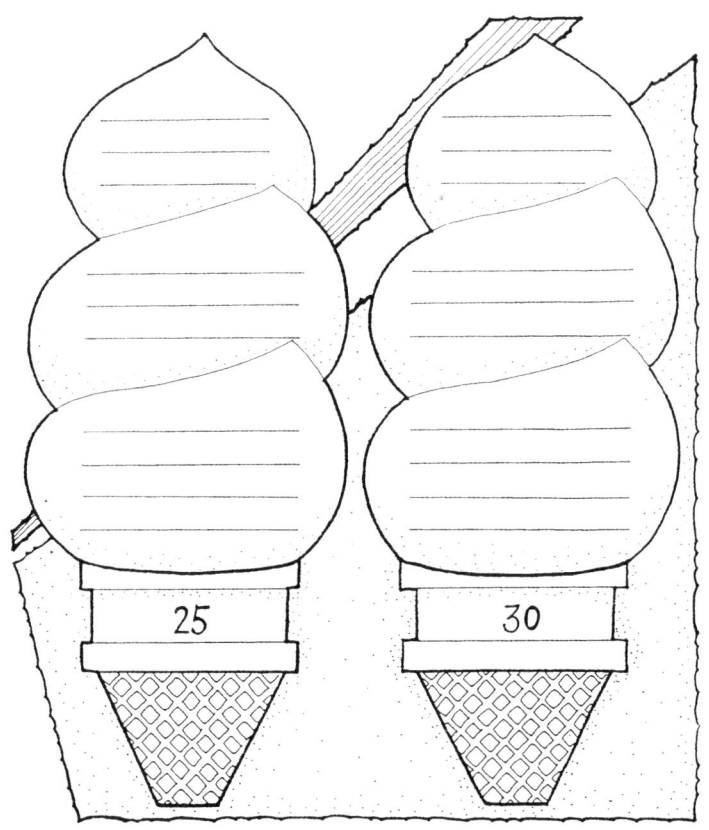

만약 자가 없다면?
- 내 아이 융통성 키우기

왼쪽 그림은 무엇이라고 생각하나요? 많은 사람들은 '날개를 펴고 있는 새'라고 쉽게 답합니다. 그렇다면 혹시 '물음표'는 보이지 않나요? 그렇습니다. 그림의 하얀 부분을 보면 '물음표'입니다. 하지만 까만 부분만 보면 물음표가 보이지 않고 새만 보입니다.

이번에는 그림을 아래처럼 거꾸로 돌려놓고 살펴보세요. 어떤 그림으로 보이나요? 물개가 공을 갖고 놀고 있는 모습을 찾을 수 있을 것입니다. 같은 그림을 어떤 면을 보느냐에 따라 다른 것으로 보이고, 같은 그림을 뒤집어 보면 전혀 다른 것이 보입니다.

문제 해결 과정에서 아이디어를 낼 때도 한 각도에서만 생각할 것이 아니라 반대편에서 문제를 보고, 문

제를 거꾸로도 생각해 보면 다양한 해결책이 나올 수 있습니다. 즉 주어진 문제를 다양한 각도에서 생각할 수 있는 융통성이 문제 해결에 큰 도움이 되는 것입니다.

　이러한 융통적인 사고는 유창적인 사고의 연장입니다. 융통성은 아이디어의 종류가 여러 가지 다른 것에서 비롯되기 때문입니다. 그것은 사물을 다른 각도에서 볼 수 있는 능력, 여러 관점에서 상황을 볼 수 있는 능력을 가리킵니다. 또한 사고의 틀을 바꾸는 능력이며 다양한 아이디어를 생산하는 능력입니다. 융통성 있는 사고를 하는 사람들은 일반적으로 상상할 수 없는 것들을 강제로 결합해서 특이한 아이디어로 생산하는 능력을 갖고 있습니다.

　따라서 융통성 있는 사고를 하는 아이는 사물을 다른 관점에서 보고 새로운 방식으로 정의를 내릴 수 있습니다. 융통성 있는 아이는 "또 다른 가능성 있는 대답은 무엇일까요?"와 같은 문제에 대답을 잘합니다.

　만약 낡아서 길게 늘어지는 귀걸이를 다른 용도로 쓸 수 있는 경우를 생각해 보라고 했을 때 융통성 있는 아이는 자기가 가지고 노는 인형의 집에 샹들리에로 사용한다고 하거나 낚싯대에 매달아 미끼로 사용한다고 대답하기도 합니다.

　또한 '빨갛고 뜨거운 것은 어떤 것들이 있을까요?' 라는 질문을 해 보세요. 어떤 아이가 김치찌개, 감자찌개, 대구탕, 꽃게탕 등 찌개나 탕 종류의 음식만 나열한다면 융통성이 낮다고 볼 수 있습니다. 하지만 어떤 아이는 음식 외에 의류, 기후, 동물, 건강, 자동차, 분노, 전기 등등의 여러 가지 관점에서 생각해 대답하기도 합니다. 이와 같이 융통성 있는 아이는 다양한 종류의 아이디어를 생산할 줄 압니다.

사물을 여러 가지 다른 각도에서 볼 수 있는 능력은 더 많은 양의 아이디어를 생산할 수 있는 능력과 더 유일한 아이디어를 낼 수 있는 결과가 됩니다. 융통성 있는 사고의 목적은 정상적인 사고의 패턴으로부터 동떨어진 사고를 일반화하고 좀 더 가치를 높이는 데 있습니다.

또한 융통성은 발명 같은 새로운 것이나 실험되지 않은 사실들에 대한 발견을 이끌 수 있는 능력입니다. 융통성 있는 사고를 할 수 있는 사람은 사물을 여러 가지 다른 각도에서 보기 때문에 거의 모든 것의 용도를 발견할 수 있습니다. 이와 같은 방향과 관점에의 전환은 고정화된 사고를 깨뜨리는 데서부터 출발합니다.

내 아이의 융통성을 기르기 위해서는 다음과 같은 방법을 활용할 수 있습니다.

융통성을 기르기 위한 질문

1. 교실의 넓이와 길이를 자를 사용하지 않고 잴 수 있는 방법을 생각해 보세요.
2. 빈 상자에 물건을 담는 것 외에 어떤 일에 사용할 수 있을지 적어도 5가지 이상의 방법을 생각해 보세요.
3. 낡은 운동화를 갖고 할 수 있는 것을 3가지 이상 그려 보세요.
4. 연필로 글씨를 쓰는 용도 외에 무엇에 사용할 수 있을지 새로운 방법을 생각해 보세요.

5. 찻잔과 휴대폰의 공통점은 무엇인가요?

6. 자신의 기분을 일기예보에 비유해서 표현해 보세요.

융통성 기르기 훈련

나는야 창의적인 사색가!

●● 창의적인 사색가가 되어서 일상적인 물건들이 다르게 사용되는 방법을 생각해 보세요.

(1) 지우개는 보통 글씨를 지우는 데 사용됩니다. 글씨를 지우는 것 외에 지우개는 또 어떻게 사용될 수 있나요? 여러 가지로 생각해 보세요.

(2) 플라스틱 통 안에 과자가 들어 있습니다. 과자를 다 먹은 후에 과자통을 다르게 사용하는 여러 가지 방법을 생각해 보세요.

(3) 비누는 세수를 하거나 빨래를 하기 위한 것입니다. 또 어떤 다른 용도가 있나요?

고구마와 고래의 공통점은 무엇일까요?

때때로 관련이 전혀 없어 보이는 어떤 두 사물을 자세히 살펴보면 의외로 공통점을 발견하게 됩니다. 예를 들면, 고구마와 고래는 전혀 비슷한 점이 없는 것처럼 보입니다. 그러나 적어도 두 가지 공통점이 있습니다. 모두 눈을 갖고 있고, 모두 이름이 '고' 자로 시작됩니다.

●● 다음에 제시한 각 쌍의 사물들 사이에서 공통점을 가능한 한 많이 찾아 보세요.

(1) TV와 백과사전

(2) 시계와 피자

(3) 나비와 콩나물국

(4) 축구공과 매니큐어

(5) 휴대폰과 카네이션

홈런을 치고 말테야!

9회 말 투아웃이었습니다. 2루에 주자가 한 사람 진루해 있었고 나는 타자였습니다. 우리 팀은 1점 차로 지고 있었습니다. 그래서 마지막 타자인 내게 모든 것이 달려 있었습니다. 투수가 준비 자세를 취하였습니다. 공은 내 쪽으로 날아오고 있었습니다. 나는 생각했습니다. '꼭 안타를 쳐야지. 투수를 꼼짝 못하게 말이야.' 나는 방망이를 힘차게 휘둘러서 담장 너머로 공을 날려 보냈습니다. 나는 영웅이 되었습니다.

●● 이 상황을 공의 관점에서 다시 써 보세요.

지구 복장을 한 물고기
- 내 아이 독창성 키우기

유치원에서 많은 아이들이 즐거워하는 놀이 활동 중 하나에 '내 몸 그리기' 놀이입니다. 자신의 몸 크기만한 종이 위에 누워 있으면 선생님이 몸 전체의 윤곽을 그려 주고 나머지를 아이들이 채워 나가는 놀이입니다. 대부분의 아이들은 자신의 모습이 그려진 그림에 눈, 코, 입 등을 그려 넣고 다음에 옷을 그리는 것이 보통입니다.

이때, 고만고만한 유치원 아이들 틈에서 눈에 띄는 아이를 발견할 수 있었습니다. 바로 현규라는 아이였는데요. 현규는 그런 외형적인 모습 대신 두개골, 갈비뼈, 팔과 다리뼈 등 인체 내부의 모습, 즉 골격을 그렸습니다.

그 아이는 평소에도 자주 또래 아이들과는 다른 각도에서 생각하고, 독특한 아이디어를 표현합니다. 한번은 "하늘에 사는 동물에는 어떤 것들이 있을까요?"라는 물음에 '나비'라고 답하기 위해 글씨를 쓰거나 나비 그림을 그리는 대신, 현규는 오선을 그리고 그 위에 '솔미미'(노래 '나비야'의 음정)에 해당하는 음표를 그렸습니다.

이와 같이 새롭거나 독특한 아이디어, 보통 사람들과는 다른 진기한 아이디어를 낼 수 있는 능력은 바로 현규 개인이 갖고 있는 뛰어난 독창성에서 오는 것입니다. 일반적으로 독창성은 의외의 가능성을 창출해 낼 수 있는 밑바탕이 되며, 깜짝 놀랄 만한 시선을 끌 수 있는 자원입니다.

독창성을 길러 주기 위해 내 아이에게 물고기의 꼬리 부분만을 그려주고, 나머지는 이 세상에 하나밖에 없는 아주 독특한 물고기를 그려 보도록 해 보세요. 마음껏 상상할 수 있도록 분위기를 조성해 주고 나서 자신이 그린 물고기를 설명하도록 합니다.

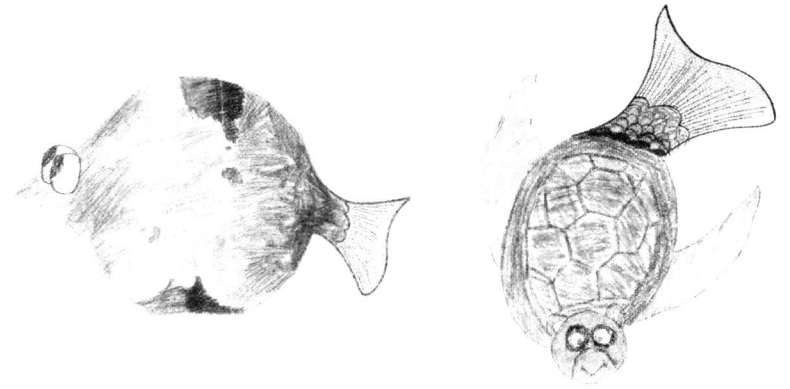

위의 그림들은 초등학생들이 상상해 그린 물고기입니다. 왼쪽 물고기는 '지구 복장을 한 물고기'로 지구의 어떤 곳이 오염되었을 경우, 물고기의 그 부분에 병이 생기며 지구가 파괴되면 물고기도 생명도 잃어버린다고 설명하고 있습니다. 오른쪽 그림은 머리는 곰, 몸은 거북, 물고기의 꼬리와 독수리의 날개를 달고 바다 속을 아주 **빠르게** 헤엄치는 괴상한 물고기로, IQ가 150이라고 설명하고 있습니다. 이 두 아이 모두 독창성이 뛰어나다고 할 수 있습니다.

사실 아무리 많은 아이디어를 갖고 있다 하더라도 그것들이 다른 모든 사람들이 생각할 수 있는 아이디어라면 별 쓸모가 없을 수 있습니다. 아이디어의 양보다는 질적인 측면에서 중요성을 생각해 독창적인 사고를 할 수 있는 능력을 길러 주어야 합니다.

내 아이의 독창적인 사고력을 키우기 위해 다음과 같은 문제를 제시해 보세요.

😀 독창성을 기르기 위한 질문

1. 새로운 퍼즐이나 미로를 고안해 보세요.
2. 알고 있는 노래의 가사를 새로운 단어를 사용해서 변형시켜 보세요.
3. 애완동물로 어떤 동물이 있었으면 좋을지, 지금까지 세상에 없는 새로운 동물을 상상해 보세요.
4. 지갑으로도 사용할 수 있는 새로운 모자를 디자인해 보세요.
5. 만화의 그림만을 제시하고 스토리를 채워 보도록 하세요.
6. 친구 간의 진정한 우정을 보여 줄 자신만의 새롭고 특이한 방법을 생각해 보세요.
7. 새로운 종류의 아이스크림을 발명해 보세요.

독창성 기르기 훈련

꼬불꼬불 내가 만든 미로

●● 미로를 디자인해 보세요.

출발 박스에는 주인공을 그리고, 도착 박스에는 그 주인공이 갖고 싶어하는 물건을 그린 다음, 찾아갈 미로를 완성시켜 보세요 (미로를 완성 시킬 모든 선들을 그려야 하고 직선을 그으려면 자를 사용해도 좋습니다).

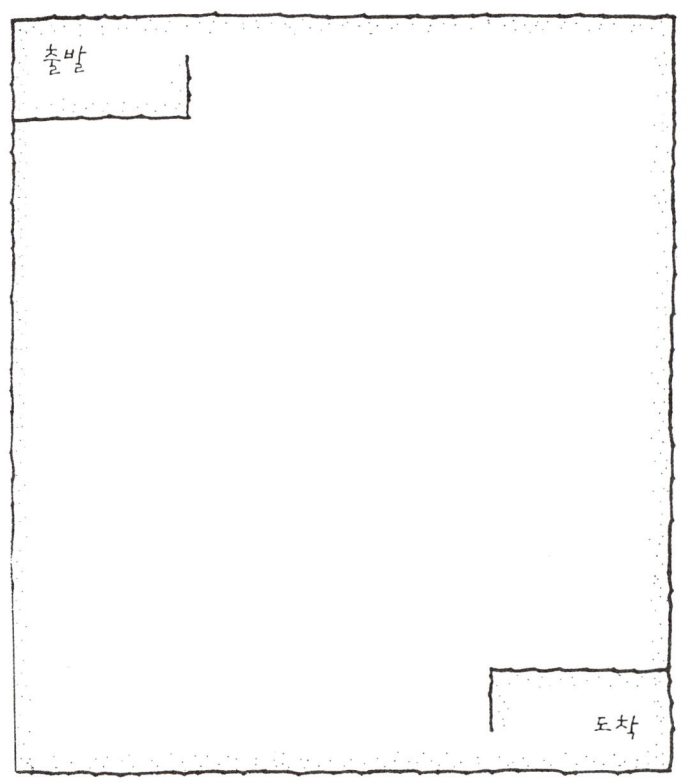

바다 밑에는 어떤 보물이 숨겨져 있을까요?

에디슨의 엉뚱한 생각이 발명의 밑거름이 되었습니다. 독창적인 아이디어란 대부분의 사람들이 생각하지 못하는 기발한 생각에서 나옵니다.

●● 자, 그럼 우리도 엉뚱하고 기발한 생각을 해 봅시다.

(1) 달걀이 갈라져서 _____가(이) 나왔다 (병아리나 새 종류가 아닌).

(2) 잠수부가 바다 밑바닥에서 보물 상자를 발견했다. 그것을 열었을 때 _____를(을) 발견했다 (금, 은, 보석류가 아닌).

(3) 아이가 더럽고 낡은 병의 코르크 마개를 뽑았을 때 _____가(이) 나왔다 (귀신이 아닌).

(4) 우편배달부 아저씨가 _____로 가득한 가방을 길에 떨어뜨렸다 (편지가 아닌).

(5) 선생님이 운동장을 내다보았을 때, _____를(을) 보았다 (놀이기구나 아이들이 아닌).

나만의 기념우표를 만들자!

우체국에서는 기념우표를 발행합니다. 이런 우표들은 특별한 사건을 기념하거나 개인이나 집단에게 경의를 표하기 위한 것입니다. 첫 번째 기념우표는 콜럼버스의 미 대륙 발견에 경의를 표하기 위해 1893년에 발행되었습니다.

●● 기념하고 싶은 특별한 사건이나 경의를 표하고 싶은 사람들에 대해 생각해 보고 이런 사건이나 사람들을 위한 우표를 디자인해 보세요.

수다쟁이를 잘 지켜보라
- 내 아이 정교성 키우기

엄마를 따라 백화점에 다녀온 아이에게 그곳에서 보았던 것이나 일어났던 일에 대해서 이야기를 시켜 보세요. 그리고 내 아이가 이야기하는 내용이 어느 정도의 수식어를 사용해서 얼마나 자세하고 재미있게, 그리고 실감나게 이야기하는지를 살펴보세요.

질문을 해 보면 단순하게 "사람도 많고 물건도 여러 가지가 있었지 뭐."라고 대답하는 아이가 있는가 하면, "무지무지하게 많은 사람들 때문에 이리저리 비키느라고 힘들었고, 아빠 키보다 더 큰 곰 인형을 파는 가게도 있었고, 내가 좋아하는 피자 가게도 있었고, 엄마가 입고 싶어 하는 옷을 파는 가게도 있었어." 등 끝없이 자신이 본 것들을 상세하게 설명하는 아이도 있습니다.

물론 위의 예들은 약간 과장된 것이기는 하지만, 아이들의 성격에 따라서 그냥 단순하게 말해 버리거나, 수다쟁이처럼 열심히 재잘거리며 이야기할 수도 있습니다.

그러나 같은 것을 보고 표현하는 것이 단순하지 않고 자세하며, 또한 재미있게 전달하는 능력은 아이가 갖고 있는 언어의 풍부함은 물론이고 정교하게 표현할 줄 아는 정교성을 보여주는 것입니다. 이러한 정교성은 막연한 아이디어를 정교하고 세밀하게 하거나 재미있고 아름답게 꾸미는 창의적인 사고 행동입니다.

그것은 자세하게 뭔가를 덧붙이고 빈 공간을 메우고, 관련 있는 아이디어를 그룹화하고 확장하는 능력과도 통합니다. 이런 능력을 지닌 아이는 그림이나 글, 생각이나 이야기를 다양하게 추가해 그것들을 좀 더 완벽하게 만들고, 좀 더 재미있게 작품을 마무리합니다. 따라서 정교성의 목적은 기존의 지식이나 원래의 생각에 뭔가를 추가하고 좀 더 확장시키기 위한 것입니다.

정교성은 창의적인 사고 기술입니다. 이를 키워 주려면 내 아이에게 더 많은 질문을 하여 일반적으로 주어진 것보다 많은 답을 찾도록 요구해야 합니다. 또한 단순한 아이디어를 더 복잡한 사고로 발달시키는 질문을 하도록 합니다.

예를 들면, "개가 달려온다."라는 문장을 "화가 난 갈색의 개가 장난치고 있는 아이들을 향해서 재빨리 달려온다."처럼 단순한 문장에서 복잡한 문장으로 만들어 보게 한다든지 또한 단순한 그림에 여러 가지를 덧붙여 좀 더 정교하고 재미있게 만들도록 유도하는 것도 바로 정교성 능력을 키우는 방법들입니다.

다음은 정교성을 키우기 위한 여러 가지 문제들의 예입니다. 내 아이와 함께 생각해 보고 재미있는 아이디어를 찾아보기 바랍니다.

🌀 정교성을 기르기 위한 질문

1. 숫자 1, 2, 3을 이용하여 재미있는 그림을 그려 보세요.
2. 아이 방을 좀 더 아름답게 꾸미기 위해 아이가 무엇을 어떻게 할 수 있을지 이야기해 보세요.
3. 공룡을 주제로 한 파티를 계획해 보세요.
4. 커다란 종이에 아주 기다란 선을 세로로 긋고, 그리고 그 위에 무엇이든지 그려 보세요.
5. 엄마가 지금 신고 있는 운동화를 아이의 나이에 맞게 좀 더 멋있는 운동화로 만든다면 어떤 기능을 덧붙이면 좋을까요?
6. '꽃이 피는 말, 독이 되는 말'이라는 신문 기사의 제목을 가지고 아이에게 직접 기사를 작성시켜 보세요.

정교성 기르기 훈련

상상의 나무를 그려라!

●● 나무에서는 무엇이 자라고 있는지, 땅 밑, 하늘 위에는 무엇이 있는지를 아이에게 상상해 보도록 하세요. 그런 다음 아이의 생각을 덧붙여 새로운 그림을 그려 보도록 하세요.

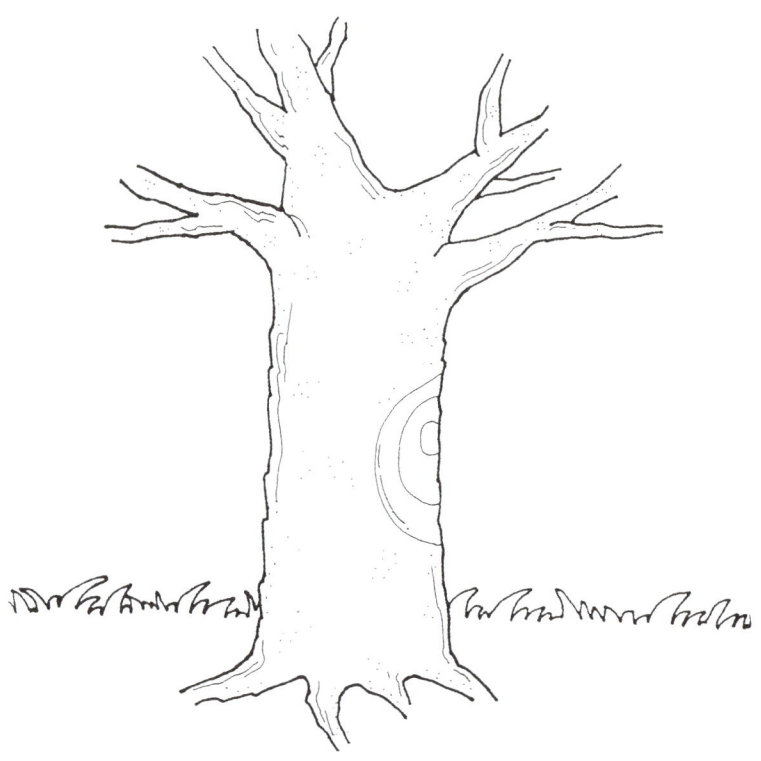

재미있게 문장을 완성할 거야!

●● 다음의 미완성된 문장을 재미있고
　자세하게 설명하는 문장으로 완성하세요.

(1) 나는 _____ 때 중요하게 여겨진다.

(2) 1등이 된다는 것은 _____ .

(3) _____ 하기만 하면 좋을 텐데.

(4) 내가 서른 살이 되었을 때 나는 _____ .

(5) 내가 만약 교장 선생님이라면 _____ .

(6) 나는 _____ 때 가장 행복하다.

나는야 춤추는 어릿광대

●● 간단한 문장을 여러 가지 수식어를 덧붙여
　더욱 재미있게 만들 수 있습니다.

예

어릿광대가 춤추고 있다.

<u>귀엽고 작은</u> 어릿광대가 춤추고 있다.

귀엽고 작은 어릿광대가 서커스장에서 즐겁게 춤추고 있다.

●● 위의 예문과 같이 아래 각 문장을 수식어를 덧붙여 새롭게 만들어 보세요.

(1) 개가 짖었다.

　　_____ 개가 _____ 짖었다.

(2) 아기가 울고 있다.

　　_____ 아기가 _____ 울고 있다.

(3) 화산이 폭발했다.

　　_____ 화산이 _____ 폭발했다.

(4) 차가 속력을 내어 달렸다.

　　_____ 차가 _____ 속력을 내어 달렸다.

(5) 눈이 왔다.

　　_____ 눈이 _____ 왔다.

chapter 06

내 아이의 창의성 무한대로 키우기

태혁이 이야기

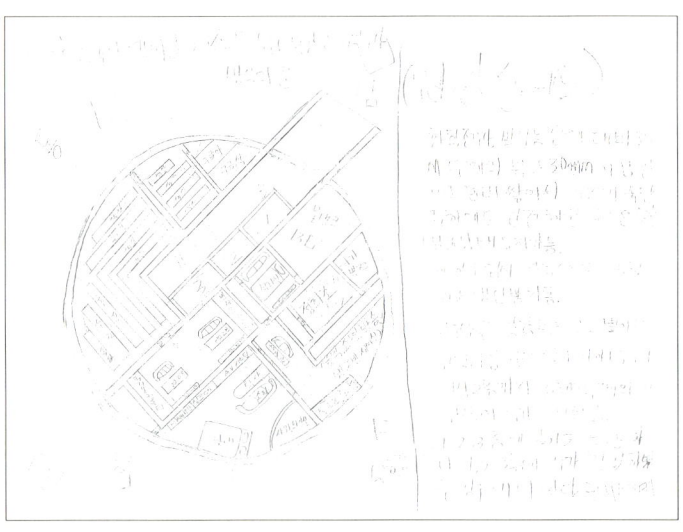

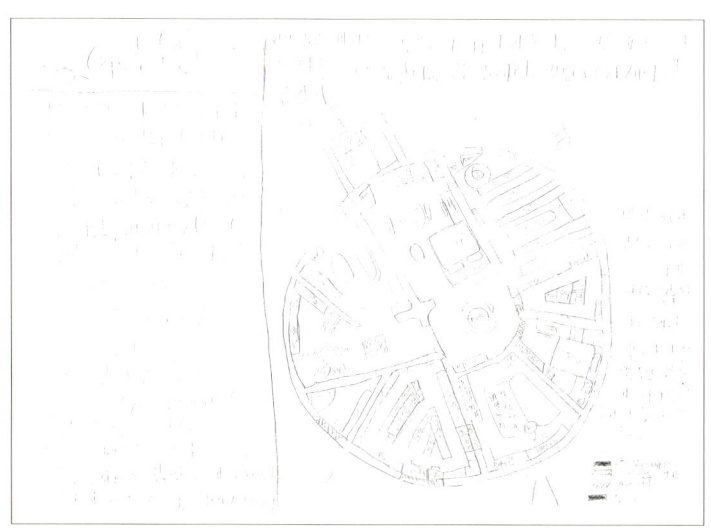

위의 그림들은 태혁이가 미래에 자신이 살고 싶은 집을 상상해서 그린 건축 설계도입니다. 초등학교 5학년인 태혁이의 설계도를 자세히 살펴보면 아이가 단순히 재미삼아 그린 것이 아니라는 것을 여러 면에서 발견할 수 있습니다.

할로겐램프와 각종 문에 나름대로 중요한 부호를 정해 놓은 것에서부터 지하실과 1, 2층 등 각 층의 용도에 따른 적절한 배치, 중요 부분의 재질에 대한 자세한 설명, 화상회의 시스템이나 AV시스템, 에어 샤워 시스템과 같은 최신 전문용어들의 사용 등을 통해 건축 설계에 관한 폭넓은 지식을 볼 수 있습니다. 또한 기존의 집 설계도가 사각형인 것을 깨고 원형으로 그린 것도 놀라운 상상력의 발휘입니다. 태혁이가 2층 내부에 대해 설명한 부분을 읽으면, 더 놀라게 됩니다.

가족 중심의 온화한 분위기의 내장재와 멀티미디어의 조화와 가족적인 시스템, 인공 지능형 냉난방, 첨단 정보와 지식, 과거 역사를 알 수 있는 정보실이 있는 지능형 시스템이 돋보이고, 전원풍을 살린 벽난로와 고전적인 내부 침실, 안전 설계의 강화 유리

이제 겨우 열한 살인 초등학교 5학년 아이가 위와 같이 정교한 그림 솜씨를 보이는 것은 그들 또래 아이들 사이에서 흔히 있는 일은 아닙니다. 저는 창의력이 유난히 돋보이는 태혁이의 작품들을 보면서 태혁이의 어린 시절 교육 환경이 어땠는지 궁금해져서, 태혁이 엄마와 오랜 시간 동안 인터뷰를 가졌습니다.

– 태혁이는 어떤 아이인가요?

"태혁이는 다방면에 호기심이 많고 상상력이 풍부하며 글과 그림에 창의력이 뛰어난 아이예요. 요즈음에는 특히 자동차와 다리 설계에 많은 관심을 보이고 있어요. 그래서 자동차 전문 잡지를 정기 구독하고 있고, 올해 태혁이가 그린 자동차 디자인만 하더라도 7개의 스케치북에 가득해요."

– 언제부터 태혁이가 자동차에 관심을 가졌나요?

"자동차에 관한 관심은 태혁이가 아주 어릴 때 '자동차'라는 물건을 알기 시작하면서부터예요. 처음에는 똑같은 차종의 장난감 자동차만을 수집하더

니, 다음에는 색깔별로, 용도별로 모아 놓더라고요. 자기 나름대로 자동차에 대해 세밀하게 조사하고 관찰해서 체계적인 사고를 하기 시작한 셈이지요."

― 또 다르게 관심을 보인 것도 있었나요?

"세 살 때 성냥갑과 조그마한 상자를 이용하여 교각의 형태를 만들어 놓고, 그 아래로 자동차가 지나가는 놀이를 했고, 자기가 만들어 놓은 것은 일정 기간 절대로 치우지 못하도록 했어요. 그런 태혁이의 요구 때문에 엄마인 저는 원하는 빈 상자를 구해 주기 위해 동네 마트를 찾아 부탁을 할 정도였지요."

태혁이가 초등학생으로서 자신의 관심 영역에 뛰어난 지식과 아이디어를 살린 창의력을 발휘할 수 있었던 것은 태혁이 어린 시절의 풍부한 경험, 주변 환경과 함께 부모님의 지혜로운 교육 방법의 영향일 것입니다.

― 태혁이의 어릴 때 주변 환경은 어땠나요?

"태혁이 아빠는 사진작가입니다. 그래서 저희 가족은 태혁이가 네 살 되던 해 서울 근교의 깊은 산중에 집을 짓고 대자연을 만끽하면서 살 수 있었어요. 만여 평이나 되는 넓은 공간에는 집 바로 앞에 냇물이 흐르고, 밤나무와 연못, 그리고 거위, 오리, 개 등 여러 종류의 가축들로 가득했지요. 태혁이는 오리 알을 세면서 숫자 공부를 했고, 다람쥐, 고양이, 물망초를 관찰하며 자연 공부를 했어요.

그리고 또 주변의 산과 들은 태혁이의 정신세계를 살찌게 하는 아주 훌륭한 무대가 되었던 것 같아요. 태혁이에게 나타나는 뛰어난 시적인 감각과 풍부한 언어 표현력도 바로 이 같은 환경 속에서 다른 아이가 경험할 수 없는 특별한 시간을 보낼 수 있었던 덕분이라고 생각해요. 이것이 태혁이의 심성과 인지 발달에 아주 긍정적인 영향을 주었던 것 같고요."

– 태혁이와 여행도 자주 다니셨나요?

"네. 여행지는 바로 태혁이의 호기심을 채워 주고 상상력을 키울 수 있는 좋은 교육의 장이 되었어요. 새로운 장소에서 다양한 사람을 만나고, 그들의 말을 통해 새로운 단어나 억양을 접하고, 계절마다 변하는 자연을 만끽하고, 그리고 그곳에서 일어나는 갖가지 뜻밖의 사건들을 통해 사회를 알 수 있는 기회가 되었어요. 이런 여행의 시간들은 태혁이에게 다양한 경험이 주는 또 다른 교육이었지요.

태혁이 아빠는 여행을 갈 때마다 여행의 목적에서부터 가서 무엇을 할 것인지, 그리고 그곳은 어떤 지역적 특징이 있는지까지 여행 전반에 걸친 내용을 상세히 설명해 주어서 태혁이에게 일을 체계적으로 처리하고 합리적으로 사고하는 법을 익힐 수 있게 했어요. 여행을 통해 살아 있는 사회 교육을 가르친 셈이지요."

태혁이의 부모님들은 아이를 위해 끊임없이 새로운 경험을 제공하는 것 외에도 교육 방법과 분위기 조성에도 남다른 노력을 기울였습니다.

― 태혁이에게 다양한 경험을 시켜 주어야겠다는 생각은 언제부터 하셨나요?

"태혁이가 갓 태어난 신생아 때였어요. 아이가 누워 있는데 무척 심심해하고 있다는 것이 느껴지더라고요. 그런 느낌을 받은 저는 아이를 위해 무엇인가를 해 주어야 할 것 같은 마음이 생겼어요. 그때부터 아이를 위해 책을 읽어 주고, 음악을 들려 주고, 다양한 소리를 만들어 주고, 끊임없는 이야기를 해 주었어요. 그리고 아이를 안고 길거리를 거닐다가 꺼칠꺼칠한 물건을 보면 아이로 하여금 직접 만져 보게 하여 사물을 감각으로 구별하게 하는 등 일상생활 속에서 태혁이의 호기심을 부추겼지요.

태혁이 역시 말을 하면서부터 대부분의 아이가 그렇듯 끊임없이 질문을 했어요. 그때마다 저희 부부는 모든 질문에 친절하게 답했을 뿐만 아니라 아이의 호기심을 끝까지 허용하는 분위기를 만들어 주었어요. 어느 날은 화분에 있는 꽃을 만지기도 하고 뜯기도 하면서 마구 다루는 것을 보고 꽃에 관해 자세히 설명해 주었더니 그 다음부터는 절대 꽃을 망가뜨리지 않더라고요. 그래서 다른 일에서도 자세한 설명을 해 주었더니 오히려 말썽도 덜 피우게 되었어요."

― '태혁이가 창의력이 좋은 아이구나' 라는 것은 언제부터 느끼셨나요?

"태혁이가 초등학교 1학년 때 할머니가 계시는 시골집에서 살았던 적이 있었어요. 그런데 울타리가 시멘트로 되어 있어서 전체적으로 삭막한 분위기였답니다. 그래서 저는 울타리 바깥쪽의 아랫부분에다가 돌멩이를 이용하여 화단을 꾸몄어요. 백일홍, 봉숭아, 나팔꽃을 심어 시멘트의 딱딱함을 둔화시키고, 울타리 안쪽 벽에는 태혁이가 그린 그림을 한장 한장 모두 코팅해 벽에 붙여 놓았어요. 삭막한 시멘트 울타리가 안팎으로 화려해졌을 뿐만 아니라 태혁이의 그림 실력에 대한 자부심을 키워 주는 데 더없이 좋은 효과가 있더라고요.

그리고 수성 페인트가 칠해진 집 본채의 한쪽 벽은 태혁이가 혼자서 무엇이든지 그릴 수 있는 공간으로 할애했어요. 이런 환경을 만들어 주니 어느 날 태혁이가 크레파스를 가지고 자유롭게 멋진 그림을 그리더라고요. 마치 오래된 벽화를 연상케 하는 그 그림은 집을 찾는 손님들의 호기심과 사랑을 받아 그대로 보존하기로 했어요. 지금도 꼬마 태혁이의 작품은 집의 한쪽 벽에 남아 있어요."

사진작가 아버지와 예술 감각이 풍부한 어머니, 따뜻한 정서와 창의적인 분위기가 가득한 집안 환경, 이와 더불어 태혁이의 기발한 창의력과 예술적 재능은 성공적인 예술인의 조건을 다 갖춘 셈이지요.

이 인터뷰 후 15여 년이 흐른 지금에 와서 '태혁이가 어떤 일을 하고 있을까?'라는 궁금증이 생겼습니다. 그래서 다시 태혁이 어머니에게 그의 근황에 대해 물어보기 위해 전화 연락을 하였습니다.

― 지금 태혁이는 어떤 일을 하고 있나요?
"서울대학교 법학전문대학원에 다니고 있어요."

- 화가나 건축가, 자동차 디자이너 같은 예술 계통의 직업이 아니라 법조인의 길을 준비하고 있다고요?

"네. 태혁이가 건축에 대해 재미있어 했던 것은 단지 무형을 유형으로 만드는 에너지 때문이에요. 하지만 그런 것들 때문에 태혁이가 반드시 이공계를 가야 성공한다고 저희 부부는 생각하지 않았어요.

또한 현재 태혁이가 법학전문대학원에 다니는 것은 일상적인 새로운 세상을 만들어 가는 과정일 뿐이고, 세상살이의 일부분이라고 생각해요. 그래도 태혁이가 새로운 세상을 스스로 살아 나갈 힘을 가졌다는 확실한 믿음은 있어요."

그동안 태혁이는 부모의 기본 교육철학에 어긋나지 않고 충실하게 생활해 왔을 뿐이라는 것이었습니다. 그것은 다름 아닌 서로 따뜻한 감정을 교감하면서 존중해 주는 것이 태혁이 집안의 생활 그 자체였고, 그것이 태혁이의 행동에 대한 보상이었으며, 태혁이가 언제든지 원하는 일을 할 수 있는 힘의 원천이 된 것이었답니다. 시험 잘 보았다고 자전거와 컴퓨터 사 주는 것 같은 보상이 아니라 생활 속에서 사랑의 실천, 바로 그것이 그들 부부의 보상이며 생활이었던 것입니다.

태혁이 어머니와의 인터뷰를 통해 얻은 큰 수확은 '엄마의 교육철학이 오늘날의 태혁이가 되었구나!' 라는 사실을 깨달은 것이었습니다. 자녀를 위해 소질을 찾아주고 진로지도를 해 주는 단편적인 부모 역할이 아니라 아이가 스스로 세상을 헤쳐 나갈 수 있는 힘을 키워 주는 더 큰 차원의 부모 역할을 생각하게 해 주었습니다.

상상력을 키워 주어라

성준이는 오늘도 엄마한테 야단을 맞았습니다. 이번에는 화장실 변기가 잠수함이랍니다. 막대 수세미는 변기 속에서 오르락내리락하면서 잠망경이 되었고, 변기 물을 수시로 내리던 성준이는 파도가 심하다고 걱정까지 하였습니다. 물론 화장실을 엉망으로 만들면서 말입니다.

이어지는 엄마의 반응은 여느 때와 다를 바가 없습니다.

"제발 말도 안 되는 소리 좀 그만 해라. 변기가 잠수함이라니, 참!"

평소에도 자주 엉뚱한 발상을 하는 성준이를 보면서 엄마는 혹시 다른 아이보다 지능이 떨어지거나 거짓말쟁이로 자라지 않을까 걱정할 정도입니다.

그렇지만 아이가 의도적으로 어른을 속이기 위해 거짓말을 하거나 상상의 세계와 현실의 세계를 구분하지 못해서 하는 말이 아니라면 전혀 걱정할 일이 아닙니다. 상상력이 풍부한 아이에게는 화장실 변기가 잠수함이 될 수도 있고 불자동차도 될 수 있습니다. 이와 같이 풍부한 상상력은 창의력을 키우는 데 튼튼한 밑바탕이 됩니다. 실제로 창의적인 아이들은 상상의 세계에 더 매력을 느낍니다.

《상상력에 엔진을 달아라》의 저자 임현우 교수는 "앞으로는 글을 읽지 못하는 사람이 아니라 상상할 줄 모르는 사람이 문맹자이다."라고 말합니다. 그의 말처럼 상상력의 중요성은 더욱 강조되고 있습니다.

영화 〈슈렉(Shrek)〉을 보면 기상천외한 상상력으로 행복한 미소를 짓게 만듭니다. 일반적인 통념과는 달리 주인공 슈렉이 피오나 공주에게 키스하는 순간 영원히 못생긴 여인으로 변하게 되고, 지저분한 거미줄로 달콤한 솜사탕을 만들기도 합니다. 그 장면은 가히 상상력의 압권입니다. 영화 〈박물관이 살아있다(Night at the Museum)〉 역시 "만약 박물관의 진열품들이 살아 움직이면 어떤 일이 벌어질까?"라는 재미있는 상상을 하다가 만들어진 결과물입니다.

영화뿐만 아니라, 엉뚱한 상상이 만들어 낸 기발한 발명품이나 작품도 많습니다. '달나라에 갈 수 없을까?' 라는 상상력이 마침내 아폴로 11호를 만들어 냈고, 주방에서 들리는 리드미컬한 칼 소리에 '언어가 아닌 칼과 도마를 가지고 공연을 할 수 없을까?' 라는 재미있는 상상력이 〈난타〉라는 언어의 장벽을 뛰어넘어 세계인이 공감할 수 있는 새로운 비언어극을 만들어 낸 것입니다.

상상력은 그 끝이 없습니다. 상상력은 미래 세계로 나갈 수 있는 무한한 가능성의 에스컬레이터입니다. 이 상상력의 뿌리는 감성에 닿아있습니다. 감성은 감수성, 즉 느낌입니다. 있는 그대로 느끼는 힘이고 느낌 속에 상상력이 함께 합니다.

내 아이에게 어릴 때부터 투명하고 맑은 감성과 상상력의 푸른 싹을 키워 주세요. 비현실적인 감성을 갖고 엉뚱한 상상을 하는 아이에게 "말도 안 되는 소리 하지도 마!"라는 말로 희망의 싹을 꺾지 마세요. 아이가 엉뚱한 이야기를 잘 꾸며대고 공상에 빠진다고 나무라는 대신에 그림 카드를 통해 그들의 상상력을 더 높여 주세요.

아래 그림을 보여주고 아이가 느끼는 대로 말해 보도록 하세요. 예를 들면 "5명의 동그라미 선수들이 체조 경기장에 등장합니다. 가장 큰 선수부터 작은 선수까지 차례대로 줄을 섰습니다. 힘이 무척 세게 생긴 한 동그라미가 4명의 약한 동그라미를 보고 큰 소리를 치자 제일 작은 2명의 동그라미가 놀라 서로 부둥켜 안았습니다." 같이 5개의 동그라미 그림으로 아이들은 이야기를 재미있게 만들 수 있습니다.

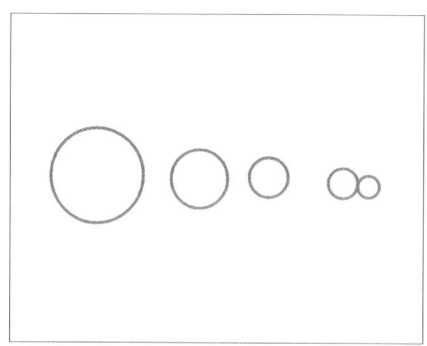

계속해서 아래와 같은 다른 그림을 보여주고 연습을 시켜 보세요. 어른들보다 훨씬 다양하고 재미있는 이야기를 만들 것입니다. 이같이 일정한 도형이 있는 그림뿐만 아니라 표정이 불분명한 얼굴 그림을 보면서 그들의 기분을 상상하도록 할 수도 있습니다.

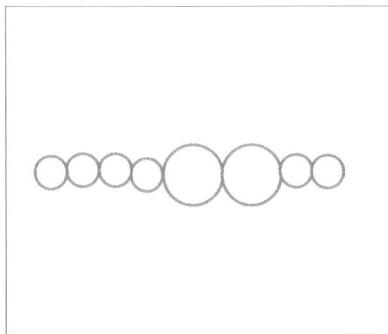

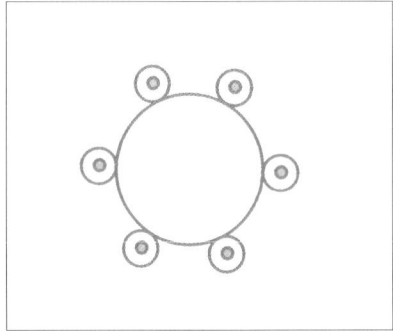
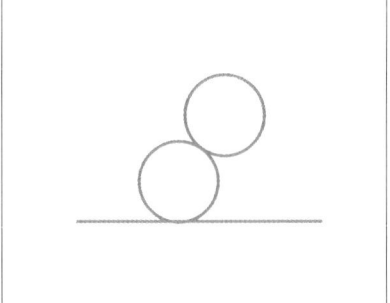

개성을 살려 주어라

　19세기 이후로 사회 문화에 대변혁을 가져다 준 가장 영향력 있는 네 사람을 꼽는다면, 상대성 원리의 아인슈타인, 정신분석학의 아버지 프로이트, 유물론을 창시한 마르크스, 그리고 진화론의 주창자 다윈을 들 수 있습니다. 놀라운 사실은 이들 네 명 중 아이슈타인, 프로이트, 마르크스 등 세 명이 유태인이란 것입니다.
　잘 알려져 있듯이, 유태인은 노벨상 수상에서도 어느 다른 민족보다도 앞서고 있습니다. 비유태계 사람으로서 노벨상을 받은 사람은 인구 5천만 명당 한 명인데 비하여 유태계는 인구 2백만 명당 한 명 꼴입니다.
　흔히 유태인들은 머리가 좋다는 이야기들을 하는데 그렇다면 과연 그들은 태어날 때부터 생물학적으로 우수한 것일까요? 아닙니다. 그들의 우수한 성취는 타고난 머리보다는 스스로의 힘을 키우고 창조해 나가지 않으면 안 되었던 역사적 배경과 창의성을 중요시한 교육의 힘이라고 할 수 있습니다.

　유태인 부모는 아이가 어릴 때부터 창의적인 사고를 할 수 있도록 작은 일에서부터 세심한 배려를 합니다. 아이가 친구 집에 놀러 갈 경우에 형제를 함께 같은 집에 보내지 않습니다. 형제들의 관심사가 다르기 때문에 서로 다른 집을 방문하게 하여 각자 다른 세계를 경험할 수 있도록 하는 것입니다.

　유태인의 부모들에게는 아이의 개성을 살리는 일이 일상생활에서 자연스럽게 배어 있습니다. 형제 중 누구의 머리가 더 좋은지를 비교하는 것은 서로에게 결코 좋지 않으며 도리어 그들에게 해가 되지만, 서로의 개성을 비교해 준다면 그것은 서로를 살린다는 것이 그들의 기본 철학입니다.

　유태인의 이와 같은 사상은 유태인의 언어인 히브리어의 의미가 '홀로 다른 편에 서다' 라는 것만 보아도 알 수 있습니다. 이런 이들에게 아이의 개성을 살리는 교육과 나름대로의 독창성을 강조하는 것은 너무나도 자연스러운 것입니다.

　유태인의 개성을 중시하는 교육은 비단 가정에서 뿐만 아니라 유치원 교육에서도 쉽게 볼 수 있습니다. 놀이를 할 때나 특별활동을 할 때에는 각자의 능력, 취향, 그리고 필요에 따라 개인별로 행해집니다.

　낮잠 시간과 점심식사 시간, 즉 단체로 행동하지 않으면 타인에게 피해를 줄 수 있는 특별 시간을 제외하고는 항상 개인을 위한 시간입니다. 획일적으로 행동해야 하는 우리의 유치원 교육과는 큰 차이가 있습니다.

　그래서 유태인들은 "100명이 모이면 101가지 의견이 나와야 정상이다."라고 이야기합니다. 그만큼 그들은 개인의 의견을 존중하는 사회에서 생활합니다. 이는 바로 개성을 중시하는 가정과 학교의 교육 풍토에서 온 것입니다.

그런 특별한 개인 활동을 통해 아이 각자의 소질이나 관심이 무엇인지를 쉽게 찾아 그들의 능력을 최대한 개발할 수 있다는 것이 그들 교육의 또 하나의 장점입니다. 그렇지만 우리나라의 경우는 어떠한가요? '우리의 소원은 통일' 인 것처럼 식당에서 음식을 주문할 때도 우리는 '통일'을 좋아합니다.

같이 간 사람이 몇 명이건 간에 똑같은 음식을 시켜야 신사처럼 보입니다. 누군가가 다른 것을 주문하면 "왜 혼자 튀려고 하느냐?"며 핀잔의 소리와 무언의 압박을 보냅니다.

또한 우리나라의 많은 부모들은 아이의 관심이나 소질이 무엇인지 생각하기 이전에 자신들의 기준에 맞춰 아이의 방향을 결정해 버리는 경향이 있습니다. 피아노와 미술 학원은 필수이고, 남자 아이니까 태권도 하나쯤은 기본이고 여자 아이니까 발레는 해야 하고, 세계화 시대니까 영어 또한 안할 수 없고……. 사실 한두 가지만 시키는 부모는 마음이 불안한 것이 우리네 현실입니다.

창의성이나 개성을 살리는 데 방해가 되는 또 한 가지 사실은 우리나라의 많은 부모들이 내 아이의 재능이나 장점, 또는 약점이 무엇인지를 파악하기보다는 다른 아이와 비교하는 것이 거의 습관처럼 몸에 배어 있다는 것입니다.

"얘, 옆집의 서영이는 공부도 잘하고 웅변도 잘한다더라. 너는 도대체 잘하는 게 뭐가 있니? 공부를 못하면 말이라도 잘 들어야 할 것 아냐?"

바로 이런 부모들의 심리는 아이들을 더 불안하게 하고 아이의 자존심을 상하게 할 뿐입니다. 뭐든지 남과 비교하기를 좋아하고, 이것저것 다 시키느라 힘을 분산하기보다는 아이들의 재능이 무엇인지를 발견해 그들의 잠재 능력을 최대한으로 끌어내 주어야 비로소 자아실현에 성공한 인간으로 성장할 수 있습니다.

내 아이를 다른 아이와 비교함으로 해서 생겨나는 불안한 마음을 갖기보다는 어떻게 내 아이를 남다르게 키울까에 관심을 갖는다면 좀 더 개성 있고 창의적인 아이로 키울 수 있을 것입니다.

인내심을 가져라

제 친구 중에 미국에서 말을 두 마리 기르고 있는 친구가 있습니다. 한 마리는 때가 되면 얌전히 주는 여물을 먹고, 천천히 울타리 안을 거닐면서 산책을 하거나 멍하니 먼 산을 쳐다보는 등 아주 순해서 주인인 친구가 신경을 쓰지 않아도 기르는 데 전혀 어려움이 없다고 합니다.

반면 다른 한 마리는 끊임없이 울타리에 걸려 상처를 입는가 하면, 장난감용으로 놓여 있는 드럼통을 다양한 방법으로 이리저리 굴려 보다가 다리를 다치는 등 사고뭉치라는 것입니다. 그런데 그 사고뭉치 말이 얌전한 말보다 훨씬 영리하다는 반전이 있습니다.

여러분의 아이는 어떠한가요? 혹시 엄마의 립스틱으로 그림을 그리고, 아빠의 시계를 물속에 담가보고, 새로운 장난감을 분해한다는 명분으로 모두 망가뜨리는 말썽꾸러기는 아닌가요? 사실 어른들로부터 '말썽꾸러기'로 불리는 아이들의 머릿속에는 언제나 새로운 탐구에 대한 호기심이 꿈틀거리고 있습니다.

무엇이든지 얌전히 그냥 넘어갈 수 없습니다. 목욕탕 속에서도 손발을 얌전히 두지 못합니다. 물이 흐르는 수도꼭지를 손으로 막아 물이 나오는 상태를 시험해 보기도 하고 비누 거품을 만들어 입으로 불어 보기도 합니다.

강한 호기심이 창의력을 키우는 원동력이라는 점을 깨닫는다면 그런 아이에게 조금은 더 너그러워질 수 있을 것입니다. 창의력이 높은 아이는 실수를 두려워하지 않기 때문에 모험을 계속하며 말썽을 피우는 것입니다.

위의 사진은 여섯 살 난 유선이가 면봉과 10원짜리 동전을 가지고 혼자 생각해서 만든 주사위 모양입니다. 투명 테이프로 모든 것을 연결하는 것도 힘들 뿐만 아니라, 면봉으로 입체적인 것을 가상해서 만들고, 동전을 이용하여 주사위의 점을 나타낸다는 아이디어는 또래 아이는 생각하기 힘듭니다.

세 살 때부터 유선이는 앉은자리에서 한 통의 티슈를 몽땅 꺼내 생각나는 대로 무엇인가를 만들었다고 합니다. 티슈의 끝을 둥글게 만든 후 끈으로 묶고 그 위에 사람 얼굴을 그린 후 엄마 화장대 거울에 붙여 놓고, 티슈와 성냥개비를 이용해 배를 만들어 아빠 책상에 올려놓고, 티슈에 색종이를 오려 붙여 과일을 만들어 장난감 바구니에 담아 놓고 해서 집 안이 온통 유선이의 작품으로 가득했습니다.

이와 같이 유선이는 늘 자신이 원하는 것을 만들어 집을 엉망으로 만드는 일에는 선수였습니다. 그렇지만 유선이의 엄마 아빠는 그것을 잘 참아냈습니다. 그들은 비록 유선이가 쓸모없는 것을 만들어 방을 지저분하게 하더라도 딸이 즐거운 마음으로 무엇인가를 상상해서 만드는 일 자체에 가치를 두었습니다.

그래서 그만한 인내심을 발휘할 수 있었습니다. 그들의 인내심이 오늘날 유선이의 창의력 발휘에 기초가 되었음은 두말할 나위가 없습니다.

창의적인 말썽꾸러기를 키우는 일은 부모의 인내심을 요구합니다. 그렇다고 순하고 착한 아이들이 창의력이 낮다는 이야기는 물론 아닙니다. 끊임없이 말썽을 피우고 힘들게 만드는 아이들이 창의성이 높을 수 있으니 그런 아이를 둔 부모들에게 좀 더 참을성을 발휘하도록 요구하는 있는 것입니다. 부산스럽고 장난꾸러기 아이를 둔 엄마여 용기를 가지십시오!

여자는 여자답게,
남자는 남자답게에서 벗어나라

미국의 한 초등학교 미술 시간에 있었던 일입니다. 미국인들의 연중행사인 할로윈데이에 즈음하여 아이들이 호박으로 사람 얼굴을 만드는 것을 지켜본 적이 있습니다. 호박의 꼭지 부분을 따내 그 속을 파내고, 원하는 얼굴을 만들기 위해 본을 뜨고, 칼로 모양을 내고 다듬었습니다. 그리고 서로의 아이디어를 모아 호박 머리에 모자를 씌우기도 하고 머플러도 둘러 줬습니다.

그런데 그룹으로 진행되는 이 일에 남자 아이들은 대부분 호박을 디자인하고 칼로 모양을 내는 일을 하였고, 여자 아이들은 대부분 호박 속을 파내거나 떨어진 호박 찌꺼기를 치우는 교실 뒷정리를 하였습니다.

이는 남녀의 사회 문화적 역할 정의가 아이에게 미친 영향입니다. 어른들은 일찍부터 이런 일은 남자가 할 일, 저런 일은 여자가 할 일이라고 아이의 역할을 이분화합니다. 또한 "너는 남자니까 이런 작은 일에 울지 말고 참아야 하고, 너는 여자니까 위험한 일은 하지 말고 얌전하게 있어야 한다."라고 강요합니다.

놀이에서도 "너는 여자 아이니까 칼이나 총 같은 장난감은 안 되고, 너는 남자 아이니까 인형은 안 돼."라고 말하는 경우가 많습니다. 이러한 남녀의 역할 정의는 아이들의 창의력 발휘를 억제할 수 있습니다.

왜 천재들은 대부분 남자일까요? 사회적으로 명성이 높고 성공했다는 사람들 중에는 왜 남자가 많을까요? 여자가 남자보다 창의력이 없기 때문일까요? 사실상 여자가 남자보다 창의력에서 열등하다는 증거는 없습니다.

오히려 교육심리학자 토런스(Torrance)의 연구에 의하면, 창의력의 유창성 테스트에서 여자가 남자보다 더 높은 점수가 나왔습니다. 그러나 실제로 창의적인 행동이나 산출물은 남자에게서 훨씬 많이 나타납니다. 이는 어떤 일은 여자에게는 맞지 않다거나, 여자는 여자답게 커야 한다는 사회적 통념이 여자의 창의력 발전을 억제해 왔기 때문입니다.

성공한 사람들은 남자든 여자든 상관없이 어떤 상황에서는 부드럽고 온정적이 되며, 어떤 상황에서는 강하고 엄격하게 나갈 줄 압니다. 이처럼 우리는 필요에 따라 이른바 '남성적 특성'과 '여성적 특성'을 발휘할 줄 아는 능력이 필요합니다.

그나마 요즈음 아이들은 놀이에서만큼은 예전에 비해 남녀의 구분이 적어지고 변화되는 추세에 있습니다. 남자 아이들의 전용 놀이였던 제기차기를 여자 아이들이, 그리고 여자 아이들의 놀이였던 공기놀이를 남자 아이들이 즐기고 있습니다. 그러나 아직도 아이 백일 선물로 여자 아이는 핑크색 옷을, 남자 아이는 파란색 옷을 고르고 있거나, 남자 아이니까 자동차를 사 주고, 여자 아이니까 인형을 사 주어야지라고 생각하는 부모들이 많습니다.

하지만 어릴 때부터 남자는 '남자답게', 여자는 '여자답게'를 강조하는 것은 그들의 숨은 능력을 잠재웁니다. 또 개인의 능력을 사회 관습 등의 외적 요건으로 한정하는 것은 각 개인의 잠재적인 창의성 발현의 기회를 빼앗아 버리는 일이기도 합니다.

현대사회는 더 많은 창의성을 발휘하도록 요구하고 있습니다. 부모나 교사들의 아이들을 향한 남녀 역할에 대한 이분법적인 태도, 즉 성(性) 역할에 대한 고정관념이 창의성을 억누르고 마는 불행한 일이 없도록 건전한 가치관과 태도의 확립이 필요합니다. 미래 사회가 요구하는 쓸모 있는 인간이 되도록 아이를 향해 부모나 교사 모두 끊임없는 노력을 아끼지 맙시다.

확산적 사고에 집중하라

　고등학교 교사가 학생에게 하얀 종이 위에 까맣고 큰 점을 하나 찍어 놓고 이것이 무엇이냐고 물었습니다.
　"뭐긴 뭐예요. 종이 위에 그려진 까만 점이잖아요."
　더 이상 다른 의견이 있을 수 없지요. 나머지 학생들도 모두 그것을 정확한 답이라고 생각하고 있었습니다. 그러나 같은 질문을 유치원생들에게 하였을 때 50가지 이상의 대답이 나왔습니다.
　"담뱃재, 새똥, 별, 돌멩이, 썩은 달걀……."
　문제를 해결하기 위한 사고의 방법에는 두 가지가 있습니다. 그중 하나는 어떤 문제에 대해 한 가지 정답만을 요구하는 수렴적 사고이고, 나머지 하나는 한 문제에서 여러 가지 정답을 이끌어 낼 수 있는 확산적 사고입니다.
　예를 들면, "저 수족관에는 물고기가 몇 마리 있나요?"라는 질문에는 분명히 한 가지 정답밖에 없습니다. 이 문제를 해결하기 위해서는 바로 수렴적 사고가 요구됩니다.

그러나 "만약에 저 수족관에 물고기 대신 넣을 수 있는 것을 가능한 한 많이 생각해 보세요."라는 질문을 한다면 이때는 확산적 사고를 요구하게 됩니다. 즉 확산적 사고는 창의적이고, 상상력이 풍부한 사고입니다. 이 경우에는 정답이 하나가 아닌 많은 아이디어와 다양하고 독특한 생각을 산출하도록 요구합니다.

유치원에서 고등학교에 이르기까지 거의 10년 동안 우리들은 '하나의 정답 찾기'에 길들여진 반면 여러 가지 답을 찾는 확산적 사고 능력은 점점 쇠퇴했습니다. 또한 구체적으로 대답하는 방법은 배웠으나 풍부했던 상상력은 잃어 버렸습니다.

사실상 대부분의 학교 수업 내용이 주어진 정보를 수렴해서 하나의 옳은 답을 찾도록 하는 수렴적 사고를 요구합니다. 학력검사, 지능검사, 대부분의 컴퓨터 학습 놀이 프로그램 등이 바로 수렴적 사고를 통해 하나의 정답을 찾는 일입니다.

그러나 우리의 일상생활은 하나의 정답을 찾는 것처럼 그렇게 간단하지 않습니다. 오늘날과 같이 복잡해지고 빠르게 변화하는 정보화 사회에서는 상황에 따라 옳은 답이 여러 가지가 있을 수 있습니다. 실제로 다양하고 독특한 아이디어를 요구하는 문제들이 많아지고 있는 것이 요즈음의 현상임을 감안할 때 주어진 정보로 여러 가지 답을 끌어낼 수 있는 확산적 사고를 요구하고 있는 것은 당연합니다. 따라서 새로운 교과과정은 근본 개념을 이해하고 확산적인 사고를 해야만 문제를 해결할 수 있도록 바뀌어 가고 있습니다.

초등학교 수학 평가 문제도 달라졌습니다. 예전에는 "500×5의 답으로 바른 것은 어느 것인가요?"라고 묻고, 4개의 보기 중에서 정답 하나를 찾도록 했지만 새로운 평가 문제에서는 "500×5로 풀 수 있는 문제를 만들어 보세요."라는 방식으로 바뀌고 있습니다.

즉 4개의 보기 중 하나의 정답을 찾는 대신, "한 권에 500원 하는 공책 다섯 권을 샀습니다. 값은 얼마일까요?" "한 묶음에 500장씩 묶여 있는 종이가 다섯 묶음 있다면 종이는 모두 몇 장입니까?" "500원짜리 빵 다섯 개를 사려면 얼마가 필요할까요?" 등 여러 가지의 답이 나올 수 있도록 유도하는 내용으로 변화해 가고 있는 것입니다.

"다음 네 가지 낱말 고양이, 고릴라, 닭, 고추장 중에서 나머지 셋과 거리가 먼 낱말 하나를 찾아 보세요."

유치원 아이들의 사물 분리 능력을 알아보기 위해 이런 문제가 주어졌다고 가정해 보겠습니다. 고양이, 고릴라, 닭이 동물이고 '고추장'은 동물이 아니라는 것을 알고 있는 대부분의 아이들은 쉽게 고추장을 정답으로 찾습니다. 그러나 어떤 아이는 생각을 여기에서 그치지 않고 '닭'이 정답이 될 수 있다고 생각합니다.

왜냐하면 모두 '고' 자로 시작하는 단어들의 묶음이지만 '닭'은 '고'자로 시작하지 않기 때문입니다. 또한 모두 세 글자로 이루어진 단어인데 '닭'은 한 글자입니다. 그렇기 때문에 답이 '닭'이라고 할 수도 있습니다. 이와 같이 창의적 사고는 사물을 여러 측면에서 파악할 수 있는 힘이 있습니다.

창의적인 해결책을 더 많이 요구하는 현대사회는 수렴적 사고 못지않게 중요시되는 것이 확산적 사고이며 이것이 곧 창의력입니다. 내 아이가 더욱 넓고 깊은 사고를 할 수 있도록 생각의 문을 활짝 열어 주어야 합니다.

부모가 아이에게 확산적인 사고를 하는 습관을 길러 줄 때 교사가 보여 주는 하얀 종이의 까만 점을 '내가 좋아하는 여자 친구의 까만 눈동자'라든가 '이효리 얼굴의 까만 점'이라고 대답할 수 있는 열린 사고를 하는 아이로 자랄 수 있습니다.

책읽기를 통해 확산적 사고를 길러 주어라

　내 아이를 똑똑한 아이로 키우고 싶은 마음은 전 세계 모든 부모의 심정일 것입니다. 우리나라 부모들의 아이에 대한 열성, 특히 똑똑한 아이로 키우려는 데 투자하는 시간, 돈, 노력은 다른 어느 나라 부모보다 앞설 것입니다. 오죽하면 미국의 오바마 대통령까지도 대한민국 부모의 교육열을 배우라고 하겠습니까? 그중 하나가 아이를 위해 아낌없이 책을 사 주고, 또 글을 모르는 아이를 위해서 많은 시간을 할애하여 책을 읽어주는 정성입니다.

　그러나 책읽기 후에 아이의 학습은 과연 어떻게 해 주고 있나요? 아이에게 책을 읽어 주고 나서, 또는 아이가 책을 읽은 후에 어떠한 질문을 아이에게 했는지를 기억해 보세요. 그리고 그 질문이 학습에 어떤 효과를 가져다 주었는지를 곰곰이 생각해 보세요.

　대부분의 부모들은 아이가 이야기를 잘 들었는지, 또는 건성으로 책장을 넘긴 것이 아니고 혼자서라도 제대로 읽었는지를 확인하고 싶어 합니다. 따라서 책 속의 주인공 이름은 무엇이며, 시합에서는 누가 이겼는지, 여우가 먹지 못한 과일은 어떤 것인지 등등 단순히 아이의 기억력을 알아보는 질문들이 주를 이룹니다.

그렇지만 이러한 질문들은 창의력을 향상시키는 것과는 거리가 멉니다. 기억력이 학습에 필수적이기는 하지만 지금과 같은 정보화 사회에서는 대부분의 문제들이 암기에 의해서 해결할 수 있는 단계를 넘어섰습니다. 21세기를 살아갈 아이들에게는 창의적 사고, 비판적 사고, 문제 해결력이 더욱 요구되기 때문입니다.

내 아이가 한 편의 동화를 읽고 난 후에 다음과 같은 확산적 질문으로 창의력을 길러 주세요. 예를 들면, 《아기돼지 삼형제》를 읽은 아이에게 이러한 질문을 해 보는 것입니다.

항목	내 용	질 문
열거 문항	책 내용에 나오는 잘 알려진 사물들을 택하여 그 사물의 본래의 용도가 아닌 것으로 사용할 수 있는 방법을 가능한 한 여러 가지 나열해 보도록 한다.	보릿짚, 통나무, 벽돌은 원래의 용도 외에 어떤 것에 사용할 수 있을까? 가능한 한 여러 가지를 생각해 봐.
재조직	이야기의 내용을 다른 상황으로 바꿔 보게 하고 그 상황에서 나름대로 일어날 일까지 새롭게 생각해 보게 한다.	만약 막내 돼지가 집을 벽돌로 만들지 않았다면 이야기는 어떻게 달라졌을까? 이야기를 새롭게 꾸며 봐.

본인 관련	이야기 속의 주인공 중의 한 명을 아이 자신이 되어 보게 하여 어떤 상황의 이야기가 될지 상상하도록 한다.	네가 돼지 형제 중 하나였다면 어떤 집을 지었을지 멋지게 설계해 봐.
가상	이야기의 내용을 근간으로 하여 다른 상황을 가상해 보게 한다.	늑대가 나무타기를 잘한다면 돼지들은 사과나무에서 어떻게 해야 했을까?
견해	이야기의 내용 중에 아이 자신의 도덕적 판단이나 새로운 관점에서의 견해 등에 관련된 질문을 한다.	첫째와 둘째 돼지의 성격은 어떤 것 같니?
문제 해결	이야기의 내용 중 아이의 창의적인 아이디어가 삽입되어 문제를 해결할 수 있는 상황을 아이에게 제시해 주고 문제를 해결할 수 있는 좋은 아이디어를 내보도록 한다.	늑대가 돼지를 괴롭히지 못하도록 하려면 또 다른 방법이 뭐가 있을까?

위와 같이 정답이 하나가 되는 것이 아니고 아이 각자가 다양하게 답할 수 있는 확산적 사고를 요구하는 질문이 아이의 창의력 향상에 도움이 됩니다. 이밖에도 "'아기돼지 삼형제'라는 답이 나올 수 있는 질문을 만들어 봐."라는 식으로 아이에게 정답을 주고 문제를 스스로 만들어 보도록 하거나, 그림만 보여주고 이야기를 나름대로 만들도록 하는 것도 아이의 상상력을 길러 주고 확산적 사고를 하는 데 도움이 됩니다. 또한 동화의 내용과 아이의 지적 수준에 따라 질문을 달리하여 책읽기에 대한 흥미를 높이고 동시에 창의성을 높일 수 있다면 일석이조일 것입니다.

과제 집착력을 키워 주어라

어느 날 개구리 두 마리가 크림 통에 빠졌습니다. 첫 번째 개구리는 그 하얀 크림 속에서 빠져나갈 길이 없다고 판단하고 그 상황을 자신의 운명으로 받아들였습니다. 결국 그는 크림 통에 빠져 죽었습니다. 그러나 두 번째 개구리는 그 첫 번째 개구리의 태도를 못마땅하게 여겼습니다.

그는 이리저리 몸부림치면서 크림 통 밖으로 나가기 위해 온갖 시도를 했습니다. 그러면서 끊임없이 크림 통을 휘젓고 다닌 결과 크림은 버터로 변했고 결국 그 두 번째 개구리는 밖으로 뛰쳐나올 수 있었습니다.

어떤 문제에 부딪쳤을 때 "이것은 내 힘으로는 안 돼, 어쩔 수 없어.", "이런 골치 아픈 일은 그만두는 것이 상책이야." 하면서 쉽게 포기하는 아이가 있는가 하면, "무슨 일이 있어도 이 일을 해결하고 말 거야.", " 이 문제가 풀릴 때까지는 밥을 먹을 수가 없어."라고 말하면서 강한 집착력을 보이는 아이도 있습니다.

과연 창의적인 사고와 창의적 문제 해결력이 요구되는 상황에서 어떤 아이의 태도가 바람직할까요? 두말할 필요 없이 자신감을 갖고 끝까지 문제를 해결하려는 과제 집착력이 높은 아이일수록 새로운 아이디어를 요구하거나 복잡한 과정을 거쳐야 하는 문제를 성공적으로 해결할 수 있습니다.

그렇지만 부모님은 보통 과제 집착력이 높은 아이를 일상생활에서 고집이 너무 세서 다루기 힘든 아이로 생각할 수 있습니다. 이런 경우, "우리 아이는 고집이 너무 세서 탈이야."라는 부정적인 생각 대신에 "우리 아이는 고집이 센 걸 보니 뭔가 해낼 수 있는 아이일 거야."라는 긍정적인 사고를 가져 보세요.

블록 쌓기를 하다가 귀찮다고 쌓기를 금방 그만 두는 아이에게 "너는 왜 매번 시작만 할 줄 알고 끝을 못 맺니?"라고 큰소리로 야단을 치기 전에, "엄마는 영은이가 하던 일을 마저 끝낼 때의 모습이 훨씬 예쁘던데."라고 간접적으로 격려해서 아이로 하여금 일을 끝내고 싶어 하도록 해 보세요.

고집이 세서 부모 말을 잘 듣지 않는 아이의 성격을 탓하는 데 그치지 말고 그 특성을 주어진 과제를 해결하는 것과 연결해서 바람직한 동기를 부여하는 기회로 활용한다면 내 아이를 좀 더 긍정적이고 적극적인 아이로 키우는 데 도움이 될 것입니다.

매사에 조금만 어렵게 느껴져도 쉽게 포기하는 태도에서 좋은 아이디어가 나올 수 없습니다. 뭔가 시작했으면 해결될 때까지 노력하는 자세가 창의적인 산출물을 가져다줍니다. 어릴 때부터 장난감 놀이를 비롯해서 일상생활 문제까지 평소에 끈기 있는 태도를 갖게 하여 아이들의 과제 집착력을 길러 주어야 합니다. 적극적인 태도와 높은 과제 집착력이야말로 창의력 향상의 지름길이 아닐 수 없습니다.

풍부한 경험을 시켜 주어라

"앞집의 철이는 컴퓨터, 영어, 바이올린, 미술을 배우는데, 내 아이는 피아노 하나만 가르치고 있어 왠지 불안해요."라고 걱정하는 엄마들을 자주 만납니다. 도대체 무엇이 엄마들을 그렇게 조바심치게 하는 것일까요?

시카고 대학의 정치철학 교수인 앨런 블룸(Allan Bloom)은 인간 특성의 안정성과 변화에 관한 연구에서 개인의 지능 발달은 만 4세까지 50퍼센트가 발달되며 8세까지 80퍼센트가 형성된다고 말하고 있습니다.

또 다른 조사에 의하면 3세부터 11세까지의 아이의 두뇌는 엄청난 재조직 과정을 거치는데, 이때의 두뇌는 성인의 두뇌보다 2배나 많은 에너지를 소모하며 일단 11세가 넘으면 점차 신진대사 작용이 둔해져 거의 성인과 비슷하게 된다고 합니다. 이들은 모두 어릴 때의 문화적 결손이 성장 후의 결손보다 훨씬 큰 영향을 미친다는 의견을 제시하고 있습니다.

그렇다면 내 아이를 똑똑한 아이로 키우기 위해 부모가 해야 할 일은 무엇일까요? 똑똑한 아이가 되기 위해서는 먼저 창의적인 아이로 기르라고 권하고 싶습니다. 창의력은 모든 문제 해결의 기반이 되며 똑똑한 아이가 되기 위한 필수 조건입니다.

창의력이 높은 아이로 키우기 위해서는 아이의 두뇌 발달이 왕성하게 이루어지는 바로 그 시기에 아이로 하여금 풍부한 경험을 하도록 하는 것이 부모의 제일 중요한 역할 중에 하나입니다. 부모는 갓난아기 때부터 뇌에 다양하고 풍부한 자극을 주어야 합니다.

우선 오감을 통한 지각의 발달을 촉진시켜야 합니다. 매일 누워서 때맞춰 우유 마시고 같은 모양의 모빌만 바라보며 보호 속에서 자란 아이와 다양한 종류의 장난감을 마음대로 가지고 놀 수 있고 노래를 듣고 산책도 하며 하루 종일 여러 가지 경험을 하며 자란 아이 사이에는 큰 차이가 있습니다.

아이의 지능 발달은 아이가 환경으로부터 받은 자극의 양과 질에 달려 있다는 말입니다. 아이의 창의력 발달은 이 지능 발달의 일부분이지만 특히 어떠한 환경에서 어떠한 경험을 하며 성장하느냐에 따라 큰 영향을 받습니다.

내 아이가 갓 태어났을 때는 흑백의 모빌을 걸어 주다가 그 다음에는 조금 더 화려하고 조금 더 복잡하고 다양한 것을 경험하도록 해 보세요. 누워 있는 방향도 항상 같이해서 매일 똑같은 것만 보도록 하지 말고 다른 방향에서 다른 것들도 볼 수 있도록 배려해야 합니다. 그래서 아이의 시야에 다양한 그림이 비칠 수 있어야 합니다.

창의력을 위한 다양한 경험은 이렇게 태어나면서부터 어른이 되어서까지도 늘 계속되어야 합니다. 따라서 나이와 상관없이 항상 자연과 접할 수 있는 기회를 자주 만들어 주고 여러 장소를 방문하여 다양한 경험을 하도록 해야 합니다. 가을에 산을 찾아 붉게 물든 단풍을 보며 식물의 기후에 따른 변화 과정을 설명해 주는 것도 좋습니다.

도서관의 많은 책, 온실에서 자라고 있는 식물, 흙이 변하여 도자기로 되는 도자기 굽는 곳, 심지어 자동차 정비 공장이나 땅을 파고 건물을 짓는 공사 현장에 이르기까지 다양한 장소를 구경시켜 보세요.

공사장에서 사용하는 포크레인은 바닷가에서 볼 수 있는 '게의 다리' 모양에서 착안을 한 것이며 옷이나 모자 등에 사용하는 끈끈이는 산에서 자라는 달라붙는 다년초 식물을 보고 발명된 것임을 알게 된다면 경험의 강조를 쉽게 이해할 것입니다. 산으로, 바다로 여행하면서 보고 느낀 것에서 새로운 발명품이 나온다는 것을 잊지 마세요.

어린 나이부터 학습과 관련한 것을 학원을 통해 배우게 하여 그것으로부터 얻는 것도 있겠지만 자연을 통한 경험은 더 풍부한 탐구력과 창의력을 키우는 살아 있는 교육이며, 이 살아 있는 교육은 콘크리트 벽 안에서 배우는 학원 공부보다 미래를 위한 훨씬 튼튼한 기초가 될 것입니다.

아이를 똑똑하게 키우기로 잘 알려진 유태인들은 아이가 6개월이 지나면 아이들을 등에 업고 전국을 순례한다고 합니다. 내 아이로 하여금 자연을 느끼게 해 주는 일은 아무리 빨리 시작해도 지나침이 없습니다.

이런 장난감을 골라 주어라

　산더미처럼 쌓여 있는 장난감 속에서 내 아이를 위해 어떤 것을 고를까 고민한 경험이 한두 번씩은 있을 것입니다. 장난감총, 블록, 퍼즐, 딸랑이, 공, 그리고 컴퓨터까지 모양도, 색도, 재료도, 용도도 너무나 다양합니다. 그러나 모든 장난감이나 교구마다 특색이 있고 그것들이 아이의 교육이나 인성에 미치는 영향이 다르다는 것을 잘 알기 때문에 무엇을 고를까 더욱 고민스럽습니다.

　그렇다면 내 아이를 위해 좋은 장난감이나 좋은 교구를 고를 때는 무엇을 생각해야 하나요? 물론 아이의 연령, 물건의 재질, 유해성 여부, 위험성 등 여러 가지를 고려해야 합니다.

　그것과 더불어 꼭 생각해야 할 것은 이 장난감이나 교구가 아이로 하여금 어떠한 사고를 하도록 하는지를 살펴보는 것입니다. 즉 아이에게 어떠한 교육적 효과를 기대할 수 있는지를 생각해 보아야 합니다.

왼쪽 사진은 카드에 그려진 모형을 보고 일곱 개의 다른 크기와 모양의 조각들을 이용하여 까만 그림과 똑같이 될 수 있도록 구성해 보는 탱그램 교구입니다. 이는 그림의 형태, 조각의 크기와 위치 등의 관계를 고려하여 해결해야 하므로 공간 지각력을 길러 주며, 그것과 똑같이 맞추기 위해서는 주어진 정보를 수집하여 하나의 정답을 찾아내는 수렴적 사고를 해야 합니다.

그러면 이번에는 오른쪽 사진의 장난감을 보세요. 삼각형, 사각형의 조각과 막대, 톱니바퀴 같은 모양의 플라스틱을 이용하여 원하는 모양을 무엇이든지 만들어 보는 것입니다. 비행기, 기차, 우주선, 동물 등 원하는 모양을 만들기 위해 조각과 막대를 바꾸어 연결하는 등 모양을 내야 하기 때문에 이것역시 공간의 관계를 이해하는 능력을 길러 줍니다.

그러나 이것은 왼쪽 사진처럼 주어진 모양을 맞추는 것이 아니라 자신이 상상해서 무엇이든지 만들 수 있는 것이기 때문에 다양한 답을 요구하는 확산적 사고를 하게 됩니다.

왼쪽 사진의 교구는 어떤 아이가 하더라도 똑같은 하나의 답이 나옵니다. 그렇지만 오른쪽 사진의 경우는 누가 만드느냐에 따라, 또 같은 아이라도 무엇을 만드느냐에 따라 결과는 언제든지 달라질 수 있습니다.

그렇다고 수렴적 사고를 요구하는 장난감은 나쁘고, 확산적 사고를 요구하는 장난감이 좋다는 이야기는 아닙니다. 교구나 장난감마다 학습 목표가 다르기 때문에 우리 아이에게 어떤 사고력을 길러 주어야 하는지를 알고서 선택해야 한다는 말입니다.

예를 들면, 흔히 잘 알려진 장난감 중 블록 쌓기의 경우에 미리 블록을 이용해 구성된 그림을 제시하고 그대로 아이로 하여금 쌓아 보게 하려면 수렴적 사고를 해야 합니다. 그렇지만 블록만 제시하고 무엇이든지 아이로 하여금 원하는 대로 만들도록 할 경우에는 확산적 사고를 하게 됩니다.

따라서 아이의 창의성을 기르는 것을 목적으로 할 때에는 만들어진 샘플 그림 없이 블록만 주고 마음대로 주제를 생각해서 만들도록 해야 합니다.

따라서 창의력을 기르기 위한 장난감이나 교구를 선택할 경우에는 그 물건을 사용하는 동안 상상력을 요구하고 다양한 답을 낼 수 있는 확산적 사고 과정을 거치는지를 생각해야 합니다.

부록

내 아이와 함께 즐기는 창의적인 활동들

언어력과 함께 커 가는 창의성

    대학 입시에서 논술 고사의 비중이 커지면서 논리적으로 글 쓰는 훈련을 위한 논술 학원이 성업을 이루고 있습니다. 이에 덩달아 초등학생들과 유치원 꼬마들까지 일찍부터 글짓기 교실을 찾습니다. 논술 고사의 대비가 아이들과 학부형을 바쁘게 만들고 있는 것이 현실입니다.

    논리적인 글을 쓰기 위해서는 주어진 주제를 얼마만큼 풍부하고 창의적인 내용으로 채우는지에 달려 있습니다. 풍부한 내용과 창의적인 글은 일찍부터 여러 가지 방법의 쓰기 훈련에 의해 이루어질 수 있습니다. 다음은 좀 더 흥미로운 작업을 통해 아이가 상상력과 창의력을 키우면서 동시에 글쓰기 훈련을 할 수 있는 방법입니다.

먼저 30개 내지 40개 정도의 낱말을 선택하여 위의 그림과 같이 각 낱말에 번호를 적어 놓은 낱말 판을 만듭니다. 강낭콩이나 유리구슬을 낱말 판에 있는 숫자만큼 구입하여 각각 번호를 붙여 빈 깡통이나 병 속에 담습니다. 그러고는 아이로 하여금 숟가락을 이용하여 번호가 적혀 있는 구슬을 꺼내게 합니다. 꺼낸 콩에 적혀 있는 숫자에 해당하는 낱말을 낱말 판에서 찾아 적어 놓습니다. 그리고 나서 찾아낸 낱말들을 이용하여 재미있는 이야기를 만들어 보게 합니다. 찾은 낱말의 순서와는 상관없이 이야기를 꾸밀 수 있도록 합니다.

다음은 초등학교 2학년 학생이 낱말 판에서 '진흙, 선생님, 소년, 지우개, 우유, 마을, 담요, 장미꽃'을 찾은 후 이야기를 만든 것입니다.

개구쟁이인 의찬 소년이 있었다. 학교에 가니 어떤 아이가 "의찬이는 지난 일요일 건너편 마을에 좋아하는 소녀에게 장미꽃을 선물했어."라고 말한 것을 듣게 되었다. 화가 난 의찬이는 그 친구에게 진흙을 던졌다. 나쁜 행동을 하였지만 선생님께서는 이해해 주셨다. 의찬이를 용서해 주신 선생님은 마음이 담요처럼 부드러웠다. 고마운 마음에 집에 와서 선생님 선물을 무엇으로 살까 우유를 마시며 생각하였다. 의찬이가 선생님께 지우개를 선물하자 아이들이 웃으니 이게 다 우유 때문이라고 말했다.

    위와 같은 방법은 전혀 뜻밖의 이야기를 만들 수 있게 해 주며, 아이의 어휘력과 상상력을 길러 주어 창의적인 글을 쓸 수 있는 바탕을 마련해 줍니다.
    아이의 연령이나 상황에 따라 낱말의 수를 조정할 수 있으며, 낱말의 내용도 아이 수준에 적합한 것들로 재미있는 것을 선택할 수 있습니다. 또한 콩이나 유리구슬 대신에 쉽게 번호를 만들 수 있는 것이면 어떤 것이든 가능합니다. 때로는 숫자가 적혀 있는 초콜릿을 사용하여 이야기를 만든 낱말의 것을 먹을 수 있게 해도 좋습니다.
    숫자 찾는 방법도 초등학생의 경우는 병 속에서 숫자를 떠내는 대신 눈을 감고, 보고 있는 책을 아무 곳이나 펼친 후 그 쪽수에 해당하는 번호의 낱말을 찾아 이야기를 만들 수 있습니다.
    시험 때문에 억지로 규칙에 맞추어 글 쓰는 연습을 하기 전에 아이가 흥미를 갖고 창의적인 사고를 할 수 있는 기반을 마련해 주는 일이 먼저 필요합니다.

꼬마들의 식탁보

아이를 데리고 돌잔치나 집들이 등의 모임에 참석해 본 경험이 있을 것입니다. 젊은 부부들의 모임에는 특히 꼬마 손님들로 북적거리고 소란스러워 본래 모임의 뜻을 살리기보다는 아이들 돌보느라 정신이 없습니다.

욕심 많고 말썽꾸러기인 아이는 얌전히 노는 아이를 못살게 굴어 기어이 울리는가하면 맞은 아이 엄마는 어른 체면에 나설 수도 없어 속상해서 괜히 아이한테 신경질을 내거나 속으로 끙끙 앓는 인내심을 발휘해야만 합니다.

이런 아이들의 창의성도 키워 주고 재미있는 놀이도 할 수 있는 방법을 연구해 보세요. 예를 들면 다음과 같은 방법이 있습니다.

먼저 음식을 차릴 식탁에 전체를 덮을 수 있는 만큼의 큰 종이를 덮어 놓고 그 종이가 움직이지 않도록 식탁 주변에 테이프를 붙입니다. 그리고 아이들에게 식탁을 덮을 식탁보를 만들 것이라고 말해 줍니다. 색연필이나 크레파스를 나누어 주고 종이 위에 원하는 그림을 그릴 수 있도록 합니다.

이때 한 아이가 충분히 즐길 수 있는 공간을 허락하여야 합니다. 그림 밑에는 제목과 자신의 이름을 적도록 합니다. 다 그린 후 자신이 그린 그림을 차례로 설명하도록 하여 발표력도 키우고 다른 아이들의 이야기를 조용히 듣는 태도를 기르는 기회로 삼으세요.

아이들이 설명을 할 때마다 특징을 골라 칭찬해 줍니다. 다 마친 후에는 아이들의 그림이 있는 종이를 식탁보로 여기고 그 위에 음식을 올려놓고 식사를 합니다.

아이의 연령과 모임의 성격에 따라 융통성 있게 그림의 내용이나 방법을 달리 할 수 있습니다. 다음의 예를 참고해 보세요.

1. 아이에게 일정한 도형(동그라미, 세모, 네모 또는 미완성된 도형이나 선)을 주고 그 도형을 이용한 여러 가지 사물을 그려 보게 하세요. 어떤 아이가 여러 가지 아이디어를 내는지 또는 독특한 것을 생각할 수 있는지도 알아볼 수 있습니다.

2. 아이에게 자신의 가족들 얼굴을 그려 보게 합니다. 그날 참석자들도 그려 보도록 함으로써 참석자들을 다시 한 번 익힐 수 있는 기회가 됩니다. 사람 얼굴과 더불어 그림에 해당하는 사람의 장점, 또는 단점, 그 밖의 특징들을 설명할 수 있는 시간을 가질 수도 있습니다.

3. 만일 생일 파티라면 생일을 맞은 사람의 생활에서 하나의 특징적인 장면을 생각해 내 그리도록 할 수 있습니다. 예를 들어, 할아버지의 생일 파티에서 할아버지가 젊었을 때의 직업이 의사였다면 주사기나 청진기를 들고 있는 할아버지의 모습을 그릴 수도 있습니다.

4. 이사 축하 모임이라면 축하 메시지와 함께 간단한 포스터 형식의 그림을 그려 보게 할 수 있습니다. 유머러스한 말과 그림을 그리도록 하여 분위기를 흥겹게 만들 수 있습니다.

5. 젓가락과 같이 두 개가 똑같은 물건 그리기, 숟가락처럼 윗부분이 동그란 물건 그리기, 종이처럼 하얀색인 물건 그리기, 아빠 키보다 더 큰 물건 그리기, 갖고 싶은 물건 그리기, 가장 기분 좋을 때 그리기 등 다양한 사고를 할 수 있는 문제를 주고 그림으로 표현해 보도록 할 수 있습니다.

6. 서기 3000년에 가족이 먹게 될 아침 식사 시간을 나타내는 그림을 그리도록 합니다. 아주 간단한 알약 하나를 먹을 수도 있고, 로봇이 아침 식사를 날라 올 수도 있으며, 리모트 컨트롤만 작동시키면 원하는 음식이 식탁 위에 나오는 등 상상력을 향상시키는 시간이 될 수 있습니다.

7. 엄마와 아이가 짝이 되어 합동 식탁보를 만들어 가장 멋진 그림을 그린 가족을 시상하도록 할 수 있습니다.

그밖에도 여러분이 조금만 신경을 써서 아이의 관심을 가질 수 있는 소재로 식탁보를 만들게 한다면 소란한 아이들을 잠시 집중시켜 창의적인 사고를 하는 시간으로 활용할 수 있습니다. 이는 또한 아이의 세계를 이해하는 좋은 기회가 될 것입니다.

다음의 것도 아이와 지내면서 창의력을 높일 수 있는 방법들입니다. 적절히 활용할 때 내 아이의 창의적 사고는 무럭무럭 향상됩니다.

1. 음악을 듣고 이야기나 그림으로 표현하기

한 번도 들어 본 적이 없는 음악을 들려준 후 '작곡가가 그 음악을 만들 때 어떤 감정이었을까?'에 대해 질문해 보세요. 또 그러한 감정을 불러일으킨 사건이 무엇이었을까를 상상해 보도록 하고, 그 음악의 분위기를 아이의 몸짓이나 그림으로 표현해 보도록 하세요. 마찬가지 방법으로 그림을 보고 화가의 감정이나 상황을 이야기해 보도록 하세요.

2. 표정이나 몸짓의 내용을 상상하기

아이를 데리고 은행, 우체국, 공원 등의 공공장소에 갔을 때 아이에게 사람들로부터 좀 떨어져서 그들의 얼굴 표정이나 몸짓을 보고 그 어른들의 생각

이나 감정을 추측해 보도록 하세요. 즐거운지, 슬픈지, 화가 났는지를 말해 보도록 하고, 왜 그렇게 생각하는지도 물어보세요.

3. 무언극과 이야기 꾸미기

세 명 이상의 아이가 놀게 될 경우, 두세 명의 아이에게 무언극을 하도록 하고 나머지 아이에게는 이들의 생각과 감정을 짐작케 해 보세요. 무언극에 이용할 상황은 두 사람이 차 안에서 이야기하는 것이라든가, 아이 셋이 해변에서 모래성을 쌓는 것 등 아주 단순한 것이 좋습니다.

아이로 하여금 그런 상황에 맞추어 전체 줄거리를 꾸며 보도록 하세요. 즉 현재의 상황만 보고 전후의 사태를 짐작해 보도록 하는 것입니다.

집에서 즐길 수 있는 창의성 놀이

　잠시 아이들의 노는 모습을 지켜보세요. 블록을 갖고 탑을 쌓다가 갑자기 장난감 자동차를 가지고 '빵빵' 소리를 냅니다. 그러다가는 크레파스를 가지고 와서 엄마에게 그림을 그려 달라고 조릅니다. 그런가 하면 플라스틱 바가지를 머리에 쓰고 허리에는 나무 막대를 꽂은 채 의젓한 꼬마 군인이 되기도 합니다.
　때때로 엄마도 아이의 세계에 잠시 몰입해 보는 것이 좋습니다. 그러면 내 아이가 노는 모습에서 무엇인가를 발견하게 될 것입니다. 무엇보다도 호기심으로 똘똘 뭉쳐 있는 아이의 세계가 바로 '창의성'을 키워 가고 있는 현장입니다.
　당장 보기에는 산만해 보이는 행동들이 사실은 창의성의 싹을 틔우는 모습인 것입니다. 그 싹을 얼마나 훌륭한 꽃으로 키우는가는 부모의 손에 달려 있

습니다.

 엄마 아빠가 내 아이와 함께 창의성을 키울 수 있는 간단한 놀이들이 소개되어 있습니다. 다음에 나오는 내용들을 참고로 집에서 부모님이 직접 확산적 사고를 할 수 있는 방법을 개발한다면 내 아이의 창의성은 쑥쑥 자랄 것입니다.

활동 1 성냥갑 요트와 화물선

이런 준비물이 필요해요

성냥갑, 색종이, 이쑤시개, 크레파스, 물감, 솜

이렇게 지도하세요

1. 색종이를 삼각형으로 오려 돛을 만들고 그 위에 그림을 그리거나 색종이를 오려 예쁘게 꾸밉니다.
2. 이쑤시개에 색종이를 끼운 후 성냥갑에 꽂아 요트가 되도록 합니다.
3. 배의 이름을 쓰고 색종이를 예쁘게 오려 장식합니다.

교육 효과

상상력과 구성력을 발달시킬 수 있습니다.

보너스 활동

성냥갑에 크레파스나 물감을 칠하고 배를 여러 개 붙여 화물선이나 여객선을 만듭니다.

활동 2 눈꽃 만들기

이런 준비물이 필요해요

도화지, 솜, 가위, 풀, 크레파스, 사인펜

이렇게 지도하세요

1. 도화지에 지름 12cm 정도의 원 6개를 그리고 잘라냅니다.
2. 원 안에 다양한 모양을 그리고 그 위에 솜을 붙입니다.
3. 원 하나를 가운데에 두고 5개의 원을 붙여 눈꽃과 같은 모양으로 만듭니다.

교육 효과

손과 눈의 협응력, 상상력, 다양한 아이디어를 내는 능력을 높일 수 있습니다.

보너스 활동

만들어진 눈꽃으로 크리스마스트리를 장식하기도 하고, '눈꽃송이' 동요를 부릅니다. 그리고 또한 아이에게 '눈이 하얀색이 아니고 빨간색이라면 어떤 일이 일어날까?' 등을 묻고 생각해 보게 합니다.

활동 3 낙타와 야자수

이런 준비물이 필요해요

코르크, 부직포, 핀, 본드 또는 글루건

이렇게 지도하세요

1. 코르크를 글루건이나 본드를 이용해 길쭉하게 연결합니다.
2. 부직포로 야자수 잎을 오려 코르크 위에 붙이면 야자수가 완성됩니다.
3. 낙타 역시 코르크를 잘라 붙여 모양을 만듭니다.

교육 효과

문제 해결 능력을 높일 수 있으며, 융통성과 상상력이 늘어납니다.

보너스 활동

'사막에서는 무엇을 볼 수 있을까?', '사막에서 물이 없으면 어떻게 할까?' 등에 대해 아이와 함께 이야기를 나누며 사막에 대한 지식을 습득하도록 합니다.

활동 4 손가락 프린팅

이런 준비물이 필요해요

스탬프, 종이, 색연필

이렇게 지도하세요

1. 엄지손가락을 스탬프에 눌러 종이의 한쪽 귀퉁이에 찍습니다.
2. 엄지손가락 프린팅을 이용하여 원하는 그림을 그립니다.
3. 종이의 어떤 부분이든 원하는 곳에 원하는 수만큼 손가락 프린팅을 해 놓은 뒤 그 프린팅을 이용하여 무엇이든지 그려 보게 합니다.
4. 각각의 그림 밑에 제목을 쓰게 합니다.

교육 효과

유창성, 융통성, 독창성을 높일 수 있으며, 손가락 지문의 모양에 관해 새로운 관심을 갖게 되고, 그림에 흥미를 가질 수 있는 기회가 됩니다.

보너스 활동

손가락 프린팅 대신 단추나 동전을 종이 밑에 댄 뒤 연필로 문지른 다음 그 모양을 이용하여 위와 같은 방법으로 다양한 아이디어를 산출할 수 있습니다.

활동 5 각설탕 피라미드

이런 준비물이 필요해요

각설탕 (30개 이상)

이렇게 지도하세요

1. 준비한 각설탕을 이용하여 무엇이든지 만들고 싶은 것을 생각해 보게 합니다.
2. 아이가 만들기를 원하는 것이 있을 경우에는 혼자서 만들도록 하고, 그렇지 못한 경우에는 각설탕을 이용하여 함께 피라미드를 쌓아 봅니다.
3. 만든 물건에 제목을 붙여보고 그것에 관해 알고 있는 사항을 모두 이야기하게 합니다.
4. 각설탕을 음식을 달게 만들 때 사용하는 것 외에 어떻게 이용할 수 있을지 가능한 한 여러 가지를 생각한 다음 아이와 함께 적어 봅니다.

교육 효과

플라스틱이나 나무로 된 블록 외에 다른 사물을 이용하여 블록과 같은 효과를 낼 수 있다는 점을 깨닫게 됩니다. 아울러 사물은 본래의 용도 외에 다양하게 사용될 수 있다는 것을 직접 경험하게 되어 고정관념에서 해방될 수 있습니다.

보너스 활동

각설탕 대신 시리얼, 당근 등 아이가 좋아하는 음식을 이용하여 위와 같은 방법으로 무엇인가 꾸며 보도록 합니다.

활동 6 종이봉투로 만든 마을

이런 준비물이 필요해요

여러 장의 종이봉투, 색종이, 크레파스, 풀, 장난감 자동차

이렇게 지도 하세요

1. 봉투 하나를 동네에 있는 한 건물로 생각하고 필요한 그림 – 창문, 간판, 커튼 등 – 을 크레파스로 그립니다.
2. 색종이를 이용하여 지붕이나 그 밖의 필요한 것을 만들어 붙입니다.
3. 인형, 자동차, 의자, 국기 등의 장난감을 적절한 곳에 배치하도록 합니다.
4. 마을의 이름을 정해 보고 건물 하나하나를 설명하게 합니다.

교육 효과

독창성을 높일 수 있고 동네에 있는 건물의 종류를 익힐 수 있으며 새로운 방법으로 그림을 표현하는 기회가 됩니다.

보너스 활동

종이봉투 대신 종이 상자를 이용해서 새로운 동네나 도시를 만들 수 있습니다. 도시에 꼭 있어야 할 건물로 위에서 만들지 못한 것은 어떤 것이 있는지를 생각해서 아이와 함께 적어 봅니다.

활동 7 윷판 만들기

이런 준비물이 필요해요

단추, 투명 테이프, 면봉

이렇게 지도하세요

1. 단추, 투명 테이프, 면봉을 어떻게 연결할 수 있는지 엄마가 먼저 시범을 보입니다.
2. 위의 재료를 이용하여 아이에게 무엇이든지 만들어 보게 합니다.
3. 아이와 함께 윷판을 만들어 윷놀이를 하거나, '가위 바위 보' 게임을 합니다.

교육 효과

기존의 사물을 다양하게 활용함으로써 융통성과 독창성을 높일 수 있습니다.

보너스 활동

단추 대신 동전을 사용하여 위와 같은 방법으로 다양한 물건을 만들어 봅니다.

활동 8 외계인 만들기

이런 준비물이 필요해요

헌 잡지나 그림책, 종이, 가위, 풀, 크레파스

이렇게 지도하세요

1. 헌 잡지나 그림책에서 사람, 동물, 물고기의 사진을 각각 4장씩 오립니다.
2. 사람, 동물, 물고기의 사진을 각 장마다 3등분하여 자릅니다.
3. 머리, 몸통, 다리 부분을 각각 다른 종류로 하나씩 고릅니다(예:사람 얼굴+기린 몸통+물꼬기 꼬리, 돼지 머리+물고기 몸통+사람 다리).
4. 각각 골라 놓은 그림을 종이에 붙이고 고유한 이름을 짓습니다.
5. 각 그림마다 왜 그런 이름을 지었으며, 어떤 동물인지 설명해 보게 합니다.

교육 효과

융통성과 독창성을 높일 수 있으며 새로운 아이디어를 내는 방법을 배우고 상상력을 높일 수 있는 기회가 제공됩니다.

보너스 활동

모든 그림을 섞어 놓고 아이의 생각대로 분류를 해 봅니다. 다양한 분류를 할 수 있도록 유도합니다. 예를 들면, 모든 그림을 머리, 몸통, 다리별로 구분하거나 그림의 색깔이나 크기별로 구분하는 등 여러 가지 방법으로 분류할 수 있도록 격려합니다.

활동 9 　나뭇잎 사람 그리기

이런 준비물이 필요해요

나뭇잎, 종이, 색연필, 풀

이렇게 지도하세요

1. 나뭇잎을 종이에 붙입니다.
2. 나뭇잎을 이용하여 사람을 그리도록 설명합니다. 나뭇잎이 몸통, 또는 머리, 팔, 다리 어느 곳으로도 사용할 수 있음을 귀띔해 줍니다.
3. 색연필로 사람의 나머지 부분을 그립니다.
4. 누구를 그렸는지 그림 밑에 이름을 적습니다.
5. 사람의 표정을 보면서 어떤 생각을 하고 있을지 상상해 보도록 합니다.

교육 효과

융통성, 독창성, 정교성, 상상력을 높일 수 있습니다.

보너스 활동

나뭇잎을 이용해 다른 사물도 붙여 보고, 나뭇잎을 이용한 책갈피를 만듭니다.

활동 10 무지개 모자

이런 준비물이 필요해요

지름이 22㎝ 정도의 종이 접시, 가위, 물감 또는 크레파스, 종이 리본, 색종이, 펀치, 투명 테이프

이렇게 지도하세요

1. 종이 접시 한쪽 부분을 가위로 6㎝ 정도 자릅니다.
2. 바깥 부분에서부터 5㎝ 정도를 남겨 놓고 종이 접시의 가운데를 오립니다.
3. 물감이나 크레파스를 이용하여 종이 접시에 원하는 그림을 그립니다(무지개를 그릴 수도 있습니다).
4. 종이 접시의 양쪽 끝에 여러 색의 종이 리본을 투명 테이프로 붙이고, 색종이로 장식을 합니다.

교육 효과

독창성과 정교성을 높일 수 있습니다.

보너스 활동

모자 밑 부분의 리본을 종이 대신 다양한 다른 사물을 사용하여 멋진 모자를 만듭니다.

활동 11 도형 나라

이런 준비물이 필요해요

빳빳한 종이 또는 플라스틱으로 된 다양한 크기의 동그라미,
세모, 네모 모양의 도형, 가위

이렇게 지도하세요

1. 종이를 이용하여 다양한 크기와 여러 가지 모양의 도형을 만듭니다.
2. 엄마가 먼저 몇 개의 도형을 가지고 어떤 형태를 꾸밀 수 있음을 보여줍니다
   (단, 나이가 어린 경우에는 좀 더 단순한 형태의 것으로 합니다).
3. 아이로 하여금 원하는 도형을 이용하여 직접 무엇이든지 상상해서 꾸며 보도록 합니다.
4. 각각의 작품에 제목을 붙입니다.
5. 꾸민 작품을 이용하여 이야기를 만들어 보도록 합니다.

활동 12 당신은 누구십니까?

이렇게 지도하세요

1. 5명 내외의 아이들이 돌아가면서 자신의 이야기를 할 수 있는 준비를 하게 합니다.

2. 아이들은 자신의 차례가 오면, 아래의 각 문장에 마지막 낱말을 넣어 문장을 완성해야 합니다.

3. 단, (1)에 들어가는 것은 한글의 닿소리, 즉 ㄱ~ㅎ 중에 하나이고, (2)(3)은 (1)의 문자로 시작하는 사람 이름, (4)는 지명, (5)는 사물을 넣으면 됩니다.

예를 든다면 이렇게 하세요

(1), 내 이름은 (2)입니다.
그리고 내 친구의 이름은 (3)이지요.
우리의 고향은 (4)이고,
그리고 우리는 (5)을(를) 좋아하지요.

예 1 내 이름은 기숙입니다.
　　　그리고 내 친구의 이름은 경미이지요.
　　　우리의 고향은 경주이고,
　　　그리고 우리는 과자를 좋아하지요.

예 2 내 이름은 남희입니다.
　　　그리고 내 친구의 이름은 남수이지요.
　　　우리의 고향은 논산이고,
　　　그리고 우리는 냉이를 좋아하지요.

활동 13 옛날 옛날에 고양이가 살았는데요

이렇게 지도하세요

1. 5명 내외의 아이들이 돌아가면서 자신의 이야기를 할 수 있는 준비를 하게 합니다.

2. 아이들은 자기 차례가 오면 문장 밑줄에 적당한 낱말을 넣어 이야기해야 하는데, 그 요령은 맨 처음의 아이가 'ㄱ'으로 시작되는 낱말을 넣어 이야기하고, 두 번째의 아이는 'ㄴ'으로 시작되는 낱말을, 그 다음의 아이는 'ㄷ'으로 시작되는 낱말을 넣어 이야기하도록 합니다.

3. 아이들이 모두 이야기를 마쳤으면, 앞에 말한 사람의 내용을 기억했다가 반복해서 이야기하고, 거기다가 자기의 생각을 덧붙이는 방식으로 진행해 봅니다.

예를 든다면 이렇게 하세요

"옛날에 _____ 고양이가 살고 있었어요."

예1 옛날에 <u>귀여운</u> 고양이가 살고 있었어요.
　　　옛날에 <u>노란</u> 고양이가 살고 있었어요.
　　　옛날에 <u>더러운</u> 고양이가 살고 있었어요.
　　　옛날에 <u>리본을 단</u> 고양이가 살고 있었어요.

예2 옛날에 귀엽고, 노랗고, 더럽고, 리본을 단 고양이가 살고 있었어요.

활동 14　아! 오늘 메뉴는 뭐로 할까?

이렇게 지도하세요

자, 이제 저녁을 먹을 시간이 되었습니다. 무엇을 먹고 싶나요? 저녁 식사 메뉴를 쓰도록 하되 다음 각 사항에 해당하는 음식들을 4가지씩 적게 하세요.

예를 든다면 이렇게 하세요

ㄱ으로 시작되는 음식	패스트푸드 체인점에 있는 음식
하얀 색깔의 음식	땅 밑에서 자란 음식
나무에서 자라는 음식	아이가 좋아하는 음식

활동 15 낱말놀이

이렇게 지도하세요

1. 이 세상 모든 말(언어)들이 사라지고 단 20개의 단어만이 남았다고 이야기해 주세요.

2. 그리고 아이에게 오직 20개의 단어만 가지고 원하는 모든 것을 표현해야 하고, 그 밖의 어떤 말도 사용할 수가 없게 되었다고 설명하세요. 남은 20개의 단어가 어떤 것들이기를 바라는지 적게 하세요.

예를 든다면, 이렇게 하세요

1. 먼저 20개의 낱말을 적게 합니다.

2. 20개의 단어를 모두 적었으면, 이제 그것들을 이용하여 최소한 다섯 문장 이상의 이야기를 만들어 보세요.

간식 시간에 자라나는 창의성

　내 아이가 먹는 모습을 지켜 본 적이 있나요? 엄마 아빠가 직접 먹는 것이 아닌데도 배부르다고 느껴지지 않나요? 아이가 맛있는 것을 잘 먹고 건강하게 쑥쑥 자라나는 모습을 지켜보는 것만큼 흐뭇한 것은 없을 것입니다. 그런데 눈에 보이는 몸은 자라나는데 아이의 인생에 정작 중요한 창의성이 자라나지 않는다면 부모로서 참으로 속상한 일일 것입니다.

　거듭해서 말씀드렸듯이, 창의성은 학원으로 달려간다고 개발할 수 있는 것이 아닙니다. 또한 '번갯불에 콩 볶아먹기'처럼 금방 발달시킬 수 있는 것도 아닙니다. 오히려 엄마 아빠가 아이의 창의성에 대해 조금만 관심을 더 기울여 주고 인내심을 가지고 꾸준하게 노력하려고만 한다면 주변에 있는 모든 것들을 충분히 활용하여 창의력을 개발시킬 수 있습니다.

　특히 내 아이가 좋아하는 사과나 귤 같은 과일이나 간식으로 먹게 되는 요쿠르트, 껌 등을 먹는 시간에 음식과 함께 재미있는 창의성 놀이를 한다면 그 즐거운 기억은 아이에게 더욱 각인될 것입니다.

그래서 이번에는 아이들 간식 시간을 통해 창의력을 높을 수 있는 방법들을 소개합니다. 자연스러운 분위기에서 맛있는 것도 먹고, 내 아이의 창의성도 높이는 놀이를 통해 일석이조의 효과를 금방 경험할 수 있을 것입니다.

활동 1

귤보다 더 신맛을 가진 것은?

아이들 간식이나 후식으로 귤을 줄 경우에 먹기 전에 다음과 같은 질문을 하여 창의적 사고를 향상시킬 수 있습니다. 귤을 보면서 질문에 가능한 한 여러 가지를 답하도록 합니다.

다음 질문에 답해 보세요

1. 귤보다 더 무거운 것은?
2. 귤보다 더 가벼운 것은?
3. 귤보다 더 둥근 모양을 한 것은?
4. 귤보다 더 단단한 것은?
5. 귤보다 더 작은 것은?
6. 귤보다 더 신맛을 가진 것은?
7. 귤 위에 올려놓을 수 있는 것은?
8. 귤 밑에 감출 수 있는 것은?
9. 귤처럼 노란색이면서 먹을 수 있는 것은?
10. 귤 모양으로 만들 수 있는 물건은?

☞ 그림으로 그려 보세요.

♥ 즐겁게 귤을 먹는다~~?

활동 2

사과보다 더 빨간색인 것은?

귤과 마찬가지로 사과를 보면서 다음 질문에 가능한 한 여러 가지를 답하도록 합니다 (때로는 각 문항마다 3개 정도로 제한할 수 있습니다).

다음 질문에 답해 보세요

1. 사과보다 더 빨간색인 것은?

2. 사과보다 더 둥근 모양을 한 것은?

3. 사과처럼 껍질은 빨갛고 속은 하얀색인 것은?

4. 사과 밑에 감출 수 있는 것은?

5. 사과 위에 올려놓을 수 있는 것은?

6. 사과처럼 빨간색이면서 먹을 수 있는 것은?

7. 사과처럼 '사' 자로 시작하면서 두 글자로 된 낱말은?

8. 사과처럼 나무에서 열리는 과일은?

9. 사과처럼 빨간색이면서 단단한 것은?

10. 사과 모양으로 만들 수 있는 물건은?

☞ 그림으로 그려 보세요.

♥ 재미있게 사과을 먹는다~~?

활동 3

요구르트처럼
'요'자로 시작하는 낱말은?

간식으로 자주 마시게 되는 요구르트를 나누어 준 후 다음 질문에 가능한 한 여러 가지 답을 하도록 합니다. 팀별로 아이디어를 내도록 할 수도 있고, 매일 간식으로 요구르트를 줄 경우에는 하루에 한두 가지씩만 질문할 수도 있습니다.

다음 질문에 답해 보세요

1. 요구르트처럼 우리나라 말이 아닌 음식의 이름은?
2. 요구르트처럼 플라스틱 통 속에 담겨져 있으면서 마실 수 있는 것은?
3. 요구르트처럼 '요'자로 시작하는 낱말은?
4. 요구르트 병 밑에 감출 수 있는 것은?
5. 요구르트처럼 신맛이 나는 것은?
6. 요구르트 빈 통으로 할 수 있는 놀이는?
7. 요구르트 빈 통에 담을 수 있는 것은?
8. 요구르트 빈 통보다 가벼운 것은?
9. 요구르트 빈 통보다 크면서 가벼운 것은?
10. 요구르트 통 모양으로 만들 수 있는 것은?

☞ 그림으로 그려 보세요.

♥ 맛있게 요구르트를 마신다~~?

활동 4

껌보다 더 질긴 것은?

껌을 하나씩 나누어 주면서 아래 질문에 가능한 한 여러 가지(또는 3개 정도로 한정해서)로 답하도록 합니다.

다음 질문에 답해 보세요

1. 껌처럼 얇고 직사각형인 것은?

2. 껌보다 가벼운 것은?

3. 껌 밑에 감출 수 있는 것은?

4. 껌 위에 올려놓을 수 있는 것은?

5. 껌처럼 씹을수록 단맛이 없어지는 것은?

6. 껌처럼 씹을수록 (시간이 지날수록) 질겨지는 것은?

7. 껌보다 더 질긴 것은?

8. 껌보다 더 물렁물렁한 것은?

9. 껌처럼 한 글자이면서 'ㅁ' 받침이 들어가는 것은?

10. 다 씹은 껌으로 만들 수 있는 모양은?

☞ 그림으로 그려 보세요.

♥ 신나게 껌을 씹는다~~?

활동 5

먹는 것은 즐거워

즐거운 마음으로 먹는 음식 이름들을 생각해 보세요. 과자, 과일, 반찬, 빵 등 먹는 것이라면 어떤 종류의 것이라도 좋습니다. 그리고 다음 물음에 알맞은 음식을 떠 올려 보세요. 단, 한번 답했던 것은 다시 말할 수 없습니다.

다음 질문에 답해 보세요

1. 네모 모양의 먹을 수 있는 것은?
2. 공처럼 둥근 모양의 먹을 수 있는 것은?
3. 10원짜리 동전만한 크기와 모양의 먹을 수 있는 것은?
4. 반드시 껍질을 벗겨야 먹을 수 있는 것은?
5. 매일 먹는 것은?
6. 요리하지 않고 그냥 먹을 수 없는 것은?
7. 음식의 안쪽의 색과 바깥쪽의 색이 다른 것은?
8. 먹고 나면 혓바닥의 색이 변하는 음식은?
9. 동그란 구멍이 뚫린 음식은?
10. 요리할 때 매우 시끄러운 소리가 나는 음식은?
11. 씨가 하나뿐인 것은?
12. 먹을 때 부스러기가 많은 것은?
13. 요리하기 전에는 단단했던 것이 요리하고 난 후에 부드러워지는 것은?
14. 포크로는 먹을 수 없는 것은?
15. 특별한 날에 주로 먹는 것은?

※ 가능한 답 1. 크래커 2. 자두 3. 쿠키 4. 바나나 5. 밥 6. 밀가루 7. 사과 8. 사탕 9. 도넛 10. 팝콘 11. 복숭아 12. 바싹 구운 빵 13. 당근 14. 국 15. 단팥죽

내 아이를 위한 창의성 코칭

2011년 7월 4일 초판 발행

총괄기획 | 이상희
지은이 | 문정화
펴낸이 | 이종헌
만든이 | 정규보
펴낸곳 | 아이비하우스
주　　소 | 서울시 서대문구 충정로 2가 37-18
　　　　　 TEL (02) 3272-5530~1
　　　　　 FAX (02) 3272-5532
등　　록 | 2009년 3월 6일(제313-2009-42호)
E - mail | gasanbook@empas.com

ISBN 978-89-962372-3-5　13590

* 값은 뒤표지에 있습니다.